DAS BUCH
OFFENBARUNG

WEISSAGUNGEN FÜR UNSERE ZEIT, LEICHT UND VERSTÄNDLICH ERKLÄRT

SAATKORN

Autor: Michael Makowski
Projektleitung: Eckhard Boettge
Korrektorat: Hans-Joachim Krause
Einbandgestaltung: Sislak Design, Bad Soden-Salmünster
Titelfotos: Sislak Design, Bad Soden-Salmünster
Satz: rimi-grafik, Celle

Die Bibelzitate sind – falls nichts anderes vermerkt – der Bibelübersetzung nach Martin Luther (revidierte Fassung 1984, Deutsche Bibel-
gesellschaft, Stuttgart 1985ff.) entnommen. Ansonsten bedeuten:

EB   = Revidierte Elberfelder Bibel (R. Brockhaus Verlag,
         Wuppertal 1985ff.)
GNB   = Gute Nachricht Bibel (revidierte Fassung der „Bibel im
         heutigen Deutsch", Deutsche Bibelgesellschaft, Stuttgart
         1997ff.)
Hfa   = Hoffnung für alle (International Bible Society, Über-
         setzung: Brunnen-Verlag, Basel und Gießen 2002)

2. Auflage 2008

© 2005 Saatkorn-Verlag GmbH,

Lüner Rennbahn 14, D-21339 Lüneburg

Gesamtherstellung: Grindeldruck GmbH, D-20144 Hamburg

ISBN 3-8150-0948-0

Teil 2: Offenbarung

Inhalt

Vorwort

„Es tut Not, dass wir das Wort Gottes viel intensiver studieren. Unsere besondere Aufmerksamkeit sollte dabei den Büchern Daniel und Offenbarung gelten, so wie nie zuvor in der Geschichte unseres Werkes." (E. G. White, Testimonies to Ministers, S. 112)

Die Vorsehung Gottes führte mich 1961 in die New Gallery in London, wo damals ein Evangelisten-Team um George Vandeman eine Vortragsreihe über das prophetische Wort hielt. Die alten Weissagungen im Buch Daniel packten mich dermaßen, dass ich meine Diplomarbeit für die Freie Universität in Berlin, die ich in London schreiben wollte, für einige Wochen vergaß und mich ganz dem Studium der biblischen Prophetie zuwandte.

Inzwischen sind nahezu 44 Jahre vergangen, aber meine Begeisterung für das prophetische Wort ist geblieben. Ich habe in all den Jahren über biblische Prophetie alles gelesen, was mir unter die Augen kam, und doch scheint es mir so, als ob ich erst einen Zipfel von dem ergriffen habe, was Gott uns geben will.

Ich habe immer wieder erfahren, wenn wir das, was wir erkennen durften an andere weitergeben, es für uns selbst nur noch klarer wird. Ich bin davon überzeugt, dass Gottes prophetisches Wort für die Gemeinde Jesu ein zuverlässiger Kompass ist, der sie – wenn sie ihn beachtet – trotz aller Gefahren des Weges sicher ins Reich Gottes leiten wird.

Der Geist Jesu verheißt all denen einen besonderen Segen, die das tun. „Selig ist, der da liest und die da hören die Worte der

Weissagung und behalten, was darin geschrieben ist; denn die Zeit ist nahe." (Offenbarung 1, Vers 3)

Möge der Geist Gottes den Leser ansprechen gemäß dem alten Petruswort: „Umso fester haben wir das prophetische Wort, und ihr tut gut daran, dass ihr darauf achtet als auf ein Licht, das da scheint an einem dunklen Ort, bis der Tag anbreche und der Morgenstern aufgehe in euren Herzen." (2. Petrus 1, Vers 19)

Einleitung

Zwei Bücher, die sich ergänzen

„Dies ist die Offenbarung Jesu Christi, die ihm Gott gegeben hat, seinen Knechten zu zeigen, was in Kürze geschehen soll." (Offenbarung 1, Vers 1)

Als die Jünger dem Herrn Jesus nach seiner Auferstehung am See Tiberias begegnen und Jesus Petrus dreimal die Frage stellt: „Hast du mich lieb?", offenbart er Petrus, mit welchem Tode er ihm die Ehre geben würde.

Der „vorlaute" Petrus wollte nun auch gerne wissen, wie es dem jüngsten der zwölf Apostel – dem Johannes – einmal ergehen würde. „Jesus spricht zu ihm: Wenn ich will, dass er bleibt, bis ich komme, was geht es dich an? Folge du mir nach!" (Johannes 21, Vers 22) Seit diesem Gespräch ging die Rede um, Johannes würde nicht sterben.

Etwas davon stimmte ja auch. Johannes war nahezu 90 Jahre alt, als der römische Kaiser Domitian ihn als Strafgefangenen auf die Insel Patmos verbannte, einer kleinen Insel in der griechischen Ägäis. Das war etwa um das Jahr 95 oder 96 n. Chr. Es war für die christliche Urgemeinde eine schwere Zeit. Domitian war der erste römische Kaiser, der auf einer göttlichen Verehrung seiner Person bestand. Die vor ihm lebenden Kaiser bejahten zwar auch die göttliche Verehrung und Anbetung ihrer Person, doch erzwang man diese nicht. Augustus z. B. ließ in Pergamon einen Tempel zur gemeinsamen Verehrung der Göttin Roma und seiner Person bauen, ohne jedoch seine Untertanen zur Anbetung zu zwingen.

Die göttliche Verehrung der herrschenden Könige und Kaiser geht zurück auf die antigöttliche Religion Babylons. Nimrod, der Begründer Babylons war der erste Herrscher, der sich göttlich verehren ließ. In der Bibel stehen sich seit dieser Zeit zwei Städte als Sinnbilder für den richtigen und den falschen Weg des Heils gegenüber. Jerusalem, die Stadt Gottes, die von den Taten Jahwes zeugt und den Sohn Gottes als den einzigen Heilsbringer für uns Menschen verkündet und Babylon, das Sinnbild für Auflehnung und Täuschung. Auch Babylon hat seinen Heilsweg, in dessen Mittelpunkt nicht Christus, sondern der Mensch selbst steht. Babylon wurde bereits mit diesem Anspruch gegründet: „Damit wir uns einen Namen machen." (1. Mose 11, Vers 4)

Das Evangelium Jesu Christi kennt für uns Menschen keinen eigenen Ruhm: „Wer sich rühmen will, der rühme sich des Herrn." Am Beginn des biblischen Glaubensweges steht immer eine Art Kapitulation des eigenen Ichs. „Ohne mich könnt ihr nichts tun." (Johannes 15, Vers 5)

Die Religion Babylons dagegen bietet dem Menschen hingegen viel Freiraum zur eigenen Verherrlichung. Nicht das einmalige und unwiederholbare Opfer Jesu Christi auf Golgatha steht im Mittelpunkt, sondern die religiöse Leistung des Menschen.

Der Schlichtheit Jesu, der von sich sagte: „Ich bin nicht gekommen, mir dienen zu lassen, sondern um zu dienen" steht der Pomp und Aufwand der weltlichen und religiösen Führer von damals und heute gegenüber.

Am Ende des ersten Jahrhunderts stand die damalige christliche Gemeinde bereits in der Gefahr, die erste Liebe zu verlassen. Kampf und Verfolgung einerseits, aber auch die Auseinandersetzung mit den feingesponnenen Lehren des Feindes in Form griechischer Lebensart und Philosophie blieben nicht ohne Wirkung auf die Gemeinde.

Alle Apostel bis auf Johannes waren gestorben. Die zweite Generation der Gläubigen, die nicht mehr Augen- und Ohrenzeuge war, bildete nun die Gemeinde. In dieser Zeit erachtete der Herr der Gemeinde es als notwendig, den Gläubigen von damals eine neue Offenbarung Jesu Christi zu schenken.

Das letzte Buch der Bibel enthüllt das Geheimnis der Zukunft mit dem Höhepunkt der Errichtung des Reiches Christi. Insofern folgt die Offenbarung der eschatologischen auf die Endzeit bezogenen Prophetie des Buches Daniel. In der Tat ergänzen sich beide prophetischen Bücher. Die Offenbarung ist wie ein Kommentar zum Buch Daniel. In beiden Büchern wird uns der Ablauf der Weltgeschichte vom Zeitpunkt des Propheten bis zur Errichtung des Reiches Gottes gezeigt. Die ganze Bibel schwingt diesen gewaltigen Bogen, der uns von Eden wieder zu Eden führt. Biblisch betrachtet ist unsere Weltzeit der Sünde nur eingeschoben in die Ewigkeit. Gottes Wort zeigt uns, wie alles begonnen hat, sagt uns aber auch, dass diese Weltzeit der Auflehnung bald zu Ende gehen wird und versichert uns, dass das Unglück „Sünde" nicht ein zweites Mal geschehen soll. (Nahum 1, Vers 9)

Gott will, dass wir die große Linie seines Heilsplanes verstehen, und dass wir uns durch religiöse Spitzfindigkeiten nicht verwirren lassen.

Der Erlösungsplan Gottes ist klar und einfach. So einfach, dass ihn jeder verstehen kann. Daneben enthält Gottes Wort sicher auch solche Tiefen an Geheimnissen, dass diese selbst dem größten menschlichen Geist verborgen bleiben. Gott offenbart sich nur dem Demütigen, der um göttliche Erleuchtung bittet.

„Wenn aber jener, der Geist der Wahrheit, kommen wird, wird er euch in alle Wahrheit leiten. Denn er wird nicht aus sich selber reden; sondern was er hören wird, das wird er reden, und was zukünftig ist, wird er euch verkündigen. Er wird mich verherrlichen; denn von dem Meinen wird er's nehmen und euch verkündigen." (Johannes 16, Verse 13 und 14)

In der Offenbarung finden sich alle Bücher der Bibel wieder und erreichen ihre Erfüllung. Auf der ersten Seite der Bibel dürfen wir unserem Herrn Jesus bei der Erschaffung unserer Erde zuschauen. „Und Gott sprach ..." (1 Mose 1) Auf der letzten

Seite der Heiligen Schrift erfahren wir aus seinem Mund: „Ja, ich komme bald." (Offenbarung 22, Vers 20)

In allen Propheten der Bibel von Mose bis Johannes lebt der Geist Jesu. Insofern ist die ganze Heilige Schrift eine Offenbarung Jesu Christi.

„Das ist aber das ewige Leben, dass sie dich, der du allein wahrer Gott bist, und den du gesandt hast, Jesus Christus, erkennen." (Johannes 17, Vers 3)

„In keinem andern ist das Heil, auch ist kein anderer Name unter dem Himmel den Menschen gegeben, durch den wir sollen selig werden." (Apostelgeschichte 4, Vers 12) – als allein in dem Namen Jesus Christus.

Alles, was wir aus dem Studium des Buches Daniel gelernt haben, brauchen wir nun zum Verständnis des letzten Buches der Bibel. Wer ohne das Wissen aus dem Buch Daniel an das Buch der Offenbarung geht, wird Mühe haben, die Zusammenhänge zu verstehen.

Offenbarung 1

Jesus Christus in seiner himmlischen Herrlichkeit

Dass Johannes, der „Lieblingsjünger" und Schreiber des Johannes-Evangeliums sowie der drei Briefe auch der Schreiber der Offenbarung ist, steht durch das Zeugnis vieler Zeitgenossen aus der Zeit der Urgemeinde außer Frage.

„Dies ist die Offenbarung Jesu Christi, die ihm Gott gegeben hat, seinen Knechten zu zeigen, was in Kürze geschehen soll; und er hat sie durch seinen Engel gesandt und seinem Knecht Johannes kundgetan ..." (Offenbarung 1, Vers 1)

Die Offenbarung ist kein versiegeltes Buch, sondern wie der Name sagt, ein offenes Buch. Sie wendet sich nicht an die ungläubige Welt, sondern an die Gemeinde.

Das letzte Buch der Bibel ist eine Offenbarung von Jesus Christus, aber auch eine Offenbarung über Jesus Christus. Wir sehen ihn in seiner himmlischen Herrlichkeit sitzen zur Rechten der Majestät Gottes und als unser Hoherpriester und Mittler den Erlösungsplan zu Ende führen. Offensichtlich ist der hohepriesterliche Dienst Jesu im himmlischen Heiligtum genauso bedeutsam wie das, was am Kreuz von Golgatha geschah. Das wird für alle Menschen einmal wichtig werden, nämlich dann, wenn der hohepriesterliche Dienst Jesu im Himmel endet und dadurch die Botschaft vom Kreuz für uns wertlos wird. Der Prophet Amos hat diese Zeit schauen dürfen.

„Siehe, es kommt die Zeit, spricht Gott der Herr, dass ich einen Hunger ins Land schicken werde, nicht einen Hunger nach Brot oder Durst nach Wasser, sondern nach dem Wort des Herrn, es zu hören; dass sie hin und her von einem Meer zum andern, von Norden nach Osten laufen und des Herrn Wort suchen und doch nicht finden werden." (Amos 8, Verse 11.12)

Es wird also einmal eine Zeit kommen, wo die Türen verschlossen sind und Gottes Gnade uns nicht mehr zur Verfügung steht. Es gibt dann keine Vergebung mehr für unsere Schuld.

Als Johannes seinen geliebten Herrn in seiner himmlischen Herrlichkeit erblickt, fällt er – wie Daniel – ihm wie ein Toter zu Füßen. „Und als ich ihn sah, fiel ich zu seinen Füßen wie ein Toter; und er legte seine rechte Hand auf mich und sprach zu mir: Fürchte dich nicht! Ich bin der Erste und der Letzte und der Lebendige. Ich war tot, und siehe, ich bin lebendig von Ewigkeit zu Ewigkeit und habe die Schlüssel des Todes und der Hölle." (Offenbarung 1, Verse 17 und 18)

Die Offenbarung über Jesus Christus kommt vom Vater und wird dem Johannes vermutlich nach Lukas 1, Vers 19 durch den Engel Gabriel mitgeteilt. (ABC; Band 7, Seite 730)

Gott spricht eine Seligpreisung für alle aus, die diese Offenbarung lesen, hören und behalten. „Selig ist, der da liest und die da hören, die Worte der Weissagung und behalten, was darin geschrieben ist; denn die Zeit ist nahe." (Vers 3)

Aus den Bildern und Symbolen der Offenbarung lernen wir zu verstehen, dass die Geschicke unserer Erde nicht von Zufällen bestimmt sind. „Der Herr schaut vom Himmel und sieht alle Menschenkinder. Von seinem festen Thron sieht er auf alle, die auf Erden wohnen. Er lenkt ihnen allen das Herz, er gibt Acht auf alle ihre Werke." (Psalm 33, Verse 13 bis 15)

Wir denken an die Worte Jesu kurz vor seiner Himmelfahrt: „Mir ist gegeben alle Gewalt im Himmel und auf Erden." (Matthäus 28, Vers 18)

Obwohl Gott zu jeder Zeit der souverän Handelnde ist, lässt er sich stets von dem Grundsatz leiten: „Welcher will, dass allen

Menschen geholfen werde und sie zur Erkenntnis der Wahrheit kommen." (1. Timotheus 2, Vers 4)

Gott wirbt um unsere Treue, ohne uns jemals zu zwingen. Jeder ist selbst seines Glückes Schmied.

Johannes schreibt das Zeugnis Jesu (die Offenbarung) zunächst an die sieben Gemeinden in der Landschaft Asien. Mit der Zerstörung Jerusalems und der Auslöschung der ganzen jüdischen Nation im Jahre 70 n. Chr. gab es offensichtlich hier in Kleinasien (der heutigen Türkei) die blühendsten christlichen Gemeinden. Johannes diente vor wie auch nach seiner Verbannung auf die Insel Patmos in der Gemeinde Ephesus als Ältester. Ephesus war vermutlich nach der Zerstörung Jerusalems das geistliche Hauptquartier der Urgemeinde.

Die Offenbarung beginnt mit einem dreifachen göttlichen Gruß von Gott, dem Vater, dem Heiligen Geist und dem Sohn Jesus Christus. „Gnade sei mit euch und Friede von dem, der da ist und der da war und der da kommt, und von den sieben Geistern, die vor seinem Thron sind, und von Jesus Christus, welcher ist der treue Zeuge und Erstgeborene von den Toten und Herr über die Könige auf Erden! Ihm, der uns liebt und uns erlöst hat von unsern Sünden mit seinem Blut und uns zu Königen und Priestern gemacht hat vor Gott, seinem Vater, ihm sei Ehre und Gewalt von Ewigkeit zu Ewigkeit! Amen." (Verse 4-6)

Die Liebe Gottes begegnet uns Menschen immer in Jesus Christus. Nur wer die Liebe Gottes in Jesus Christus erwidert, begreift das Evangelium und wird ein Kind Gottes. Wer sich dem verschließt, begreift gar nichts, auch wenn er noch so klug und gebildet ist.

„Denn es steht geschrieben: Ich will zunichte machen die Weisheit der Weisen, und den Verstand der Verständigen will ich verwerfen." (1. Korinther 1, Vers 19)

Die Offenbarung mit ihrer ganzen apokalyptischen Vision, mit der gewaltigen Darstellung des großen Kampfes zwischen Licht und Finsternis und der Vision vom kommenden Reich Christi hilft uns nicht, wenn wir nicht zuvor im Bewusstsein unserer persönlichen Schuld am Fuße des Kreuzes standen und mit Johannes dem Täufer ausriefen: „Das ist Gottes Lamm, das der Welt Sünde trägt." (Johannes 1, Vers 29)

Nur wen Jesus durch sein Blut von seinen Sünden reinigen durfte, „… hat er zu Königen und Priestern gemacht vor Gott, seinem Vater …" (Vers 6) Wir waren alle irgendwie Sklaven der Sünde und dürfen nun aus Gnaden Könige und Priester vor Gott, dem Vater sein. Welch eine Dimension des Sieges wird uns mit der Erlösung geschenkt!

„Siehe, er kommt mit den Wolken, und es werden ihn sehen alle Augen …" (Vers 7) Das zentrale Thema der Offenbarung ist die Wiederkunft Jesu.

Mit dem ersten Kommen Jesu wurde die bereits im Paradies gegebene Verheißung unserer Erlösung sichergestellt: „Es ist vollbracht." Doch erst mit dem zweiten Kommen unseres Herrn wird der von Luzifer am Throne Gottes entfachte Kampf zwischen Licht und Finsternis zu Ende gehen und unsere Erlösung vollendet sein.

Schon Henoch weissagte vom zweiten Kommen des Herrn. „Es hat aber auch von diesen geweissagt Henoch, der Siebente von Adam an, und gesprochen: Siehe, der Herr kommt mit seinen vielen tausend Heiligen, Gericht zu halten über alle und zu strafen alle Menschen für alle Werke ihres gottlosen Wandels …" (Judas, Vers 14 und 15)

Alles, was wir bisher durch die Erlösung geschenkt bekommen haben, ist letztlich nur ein „Unterpfand". Die endgültige und vollkommene Erlösung steht noch aus und wird uns mit dem wiederkommenden Herrn geschenkt werden. „… es ist aber noch nicht offenbar geworden, was wir sein werden. Wir wissen aber, wenn es offenbar wird, werden wir ihm gleich sein; denn wir werden ihn sehen, wie er ist." (1. Johannes 3, Vers 2)

Selbst Paulus konnte am Ende seines Weges nur aussagen: „Nicht, dass ich's schon ergriffen habe oder schon vollkommen sei; ich jage ihm aber nach, ob ich's wohl ergreifen könnte, weil ich von Christus Jesus ergriffen bin." (Philipper 3, Vers 12)

„Ich bin das A und das O, spricht Gott der Herr, der da ist und der da war und der da kommt, der Allmächtige." (Vers 8) Das Alpha und das Omega ist der erste und der letzte Buchstabe im griechischen Alphabet. So wie wir in der Kombination der Buchstaben des Alphabets eine unendliche Fülle an Gedanken und Worten zum Ausdruck bringen können, so finden wir in Jesus Christus die ganze Länge und die ganze Breite, die ganze Höhe und die ganze Tiefe der Gnade Gottes verborgen. Nicht einmal die Ewigkeit wird ausreichen, um hiermit ans Ende zu kommen. Immer neue Schönheiten der Größe, der Allmacht und der Herrlichkeit Gottes werden sich uns erschließen.

„Ich wurde vom Geist ergriffen am Tag des Herrn und hörte hinter mir eine große Stimme wie von einer Posaune, die sprach: Was du siehst, das schreibe in ein Buch und sende es an die sieben Gemeinden nach Ephesus und nach Smyrna und nach Pergamon und nach Thyatira und nach Sardes und nach Philadelphia und nach Laodizea." (Verse 10 und 11) Im Jahre 95 n. Chr., als Johannes auf der Insel Patmos diese Visionen erhielt, feierte die gesamte christliche Urgemeinde ausschließlich den Sabbat als „des Herren Tag".

Nachdem unser Herr Jesus am Anfang Himmel und Erde mit seinem ganzen Heer vollendet hatte, heißt es: „Und so vollendete Gott am siebenten Tage seine Werke, die er machte, und ruhte am siebenten Tage von allen seinen Werken, die er gemacht hatte. Und Gott segnete den siebenten Tag und heiligte ihn, weil er an ihm ruhte von allen seinen Werken, die Gott geschaffen und gemacht hatte." (1. Mose 2, Verse 2 und 3)

Der Sabbat ist ein ewig gültiges Zeichen der Schöpfermacht unseres Herrn Jesus Christus.

Darüber hinaus ist der Sabbat auch ein Zeichen der Erlösung. „Und der Herr redete mit Mose und sprach: Sage den Kindern Israel: Haltet meinen Sabbat; denn er ist ein Zeichen zwischen mir und euch von Geschlecht zu Geschlecht, damit ihr erkennt, dass ich der Herr bin, der euch heiligt." (2. Mose 31, Verse 12 und 13) Der Sabbat war und ist insoweit in doppelter Hinsicht der Tag des Herrn Jesu und er wird es immer bleiben, auch wenn Menschen das Gebot Gottes verändert haben.

Die sieben Gemeinden von Ephesus bis Laodizea waren zur Zeit des Johannes tatsächlich sieben bekannte christliche Gemeinden. Die Aufzählung der Städte entspricht genau dem Verlauf der römischen Poststraße durch Kleinasien, wie sie von Ephesus über Smyrna, Pergamon, Thyatira, Sardes, Philadelphia nach Laodizea verlief.

Die Zahl sieben drückt in der biblischen Symbolik auch Vollkommenheit aus. Insofern stellen diese sieben Gemeinden sinnbildhaft auch die Gemeinde Gottes als Ganzes dar, von der Zeit des Johannes bis zur Wiederkunft Christi. Jede dieser Gemeinden umfasst eine Epoche in der Kirchengeschichte von damals bis heute.

„Und ich wandte mich um, zu sehen nach der Stimme, die mit mir redete. Und als ich mich umwandte, sah ich sieben goldene Leuchter und mitten unter den Leuchtern einen, der war einem Menschensohn gleich, angetan mit einem langen Gewand und gegürtet um die Brust mit einem goldenen Gürtel. Sein Haupt aber und sein Haar war weiß wie weiße Wolle, wie der Schnee, und seine Augen wie eine Feuerflamme, und seine Füße wie Golderz, das im Ofen glüht, und seine Stimme wie großes Wasserrauschen; und er hatte sieben Sterne in seiner rechten Hand, und aus seinem Munde ging ein scharfes, zweischneidiges Schwert, und sein Angesicht leuchtete, wie die Sonne scheint in ihrer Macht." (Verse 12 bis 16)

Die göttliche Herrlichkeit Jesu, die Johannes sieht, entspricht der Darstellung von Daniel, Kapitel 10 und Hesekiel, Kapitel 1.

Johannes erkennt den allmächtigen Gott als „eines Menschensohn". Der menschliche Christus hatte seine Göttlichkeit verborgen. Der göttliche Christus verbirgt seine göttliche Allmacht nicht mehr. Doch geblieben ist seine für alle Ewigkeit bestehende Verbundenheit mit uns Menschen. Er trägt noch immer die Male der Kreuzigung an Händen und Füßen und an seiner Seite, denn Johannes erkennt ihn trotz seiner strahlenden

Herrlichkeit als „eines Menschensohn". Welch ein Trost steckt in diesem Bild. Der allmächtige Gott war Mensch und bekennt sich auch heute noch zu uns Menschen. Er vertritt jeden Menschen am Thron des Universums. Seine Verdienste, sein Opfer von Golgatha reichen aus, um jede Schuld – und mag sie noch so groß sein – zu tilgen. Das ist die gute Nachricht für uns Menschen, die auf jeder Seite der Bibel geschrieben steht. Die Symbole der sieben Leuchter und der sieben Sterne erklärt die Bibel selbst in Vers 20. „Das Geheimis der sieben Sterne, die du gesehen hast in meiner rechten Hand, und der sieben goldenen Leuchter ist dies: Die sieben Sterne sind Engel der sieben Gemeinden, und die sieben Leuchter sind sieben Gemeinden."

Johannes sieht den Herrn Jesus inmitten seiner Gemeinde. Egal durch welche Anfechtungen, Verleugnungen, Verfolgungen sie auch gehen muss, der Herr Jesus ist mit dabei. „Und ich bin bei euch alle Tage bis an der Welt Ende." (Matthäus 28, Vers 20) So wie die Gegenwart Jesu in der Wolken- und Feuersäule das Volk Israel in guten wie in schlechten Tagen während der ganzen 40 Jahre durch die Wüste begleitet hat. Christus war und ist und wird immer das Haupt der Gemeinde sein. Das gilt auch für die schwache, die müde, ja selbst für die eingeschlafene Gemeinde. Denn nach dem Gleichnis Jesu werden alle 10 Jungfrauen kurz vor dem Kommen des Bräutigams einschlafen (Matthäus 25, Vers 5).

Die sieben Sterne, die Jesus in seiner rechten Hand hält, sind ein Bild für die Prediger, die Gemeindeältesten, die Führer und Diener der Gemeinde. Christus liebt die Hirten der Gemeinde, besonders wenn es Hirten in seinem Sinne sind, die im Geist des 23. Psalms für die Schafe sorgen und sie auf rechter Straße leiten. Wieviel Trost und Zuversicht sprechen aus diesem Zeugnis Jesu.

Offenbarung 2

Die Sendschreiben Jesu an seine Gemeinden Ephesus, Smyrna, Pergamon, Thyatira

„Dem Engel der Gemeinde zu Ephesus schreibe: Das sagt, der da hält die sieben Sterne in seiner Rechten, der da wandelt mitten unter den sieben goldenen Leuchtern." (Vers 1)

Die sieben Sendschreiben an die sieben Gemeinden von Ephesus bis Laodizea, sind ein ewig gültiges Zeugnis Jesu als des Herrn der Gemeinde von der Zeit der Urgemeinde bis zur letzten Gemeinde vor seiner Wiederkunft.

Das letzte Buch der Bibel ist eine Offenbarung Jesu Christi in seiner himmlischen Herrlichkeit. Durch das Studium dieses Buches lernen wir unser Leben und das Leben der Gemeinde mit „himmlischen Augen" zu betrachten. Christus ist nicht mehr der verachtete Rabbi, den Menschen verspotten, verhöhnen und schließlich kreuzigen durften. Johannes sieht seinen geliebten Herrn mit Augen wie Feuerflammen und mit einem Angesicht, das leuchtete wie die Sonne scheint in ihrer Macht. (Offenbarung 1, Verse 14 und 16)

Johannes darf erkennen, dass Gott in der Person des Vaters, des Sohnes und des Heiligen Geistes all seine Herrlichkeit und seine Allmacht einsetzt, um seine Gemeinde auf Erden zum Sieg zu führen.

Was die Gemeinde als Ganzes oder der einzelne Gläubige auch immer erleben, erleiden und erkämpfen muss, darüber steht das

Wort Jesu: „Ich weiß deine Werke." Christus weiß also, was die Gemeinde, die Gemeindeleiter und jeder einzelne Gläubige durchleben müssen. Johannes will uns mit seiner himmlischen Vision das Wort Jesu bestätigen: „Ich bin bei euch alle Tage bis an der Welt Ende." (Matthäus 28, Vers 20)

Der Vers 1 aus dem Kapitel 2 bekräftigt uns noch eindringlicher als die Darstellung in Kapitel 1, dass Jesus zu jeder Zeit inmitten der sieben goldenen Leuchter, das heißt inmitten seiner Gemeinden, wandelt. Er hält die sieben Sterne in seiner Rechten, was soviel bedeutet wie, dass er die Leiter der Gemeinden in besonderer Weise als sein Eigentum betrachtet und ihnen besonders seine ganze Aufmerksamkeit schenkt.

Die erste Gemeinde, an die der Herr Jesus schreibt, ist Ephesus. Damals war Ephesus die führende Haupt- und Hafenstadt Kleinasiens. Die christliche Botschaft wurde hier vermutlich zum ersten Mal durch Paulus auf seiner Rückkehr von der zweiten Missionsreise im Jahre 52 n. Chr. gepredigt. Ein oder zwei Jahre später kam Paulus nach Ephesus zurück und blieb dort länger als an jedem anderen Ort seiner Tätigkeit. Für drei Jahre verkündigte Paulus mit seinen Mitarbeitern in Ephesus das Evangelium von Jesus Christus. Lukas berichtet „... dass alle, die in der Provinz Asien wohnten, das Wort des Herrn hörten, Juden und Griechen." (Apostelgeschichte 19, Vers 10)

Nach seiner ersten römischen Gefangenschaft besuchte Paulus im Jahre 64 n. Chr. noch einmal Ephesus und setzte dort vermutlich Timotheus zum Leiter der Gemeinde ein. Jahre später, kurz vor der Zerstörung Jerusalems im Jahre 70, verlegten die Brüder das Hauptquartier der christlichen Gemeinde von Jerusalem nach Ephesus, von wo aus der geliebte Jünger Johannes noch für einige Jahrzehnte wirken konnte. (ABC, Band 7, Seite 743)

Nun durfte Johannes als Strafgefangener auf der Insel Patmos im Jahre 94 oder 95 n. Chr., selbst über 90 Jahre alt, seiner geliebten Gemeinde Ephesus das erste Sendschreiben schicken.

Die sieben Sendschreiben haben, wie manchmal im prophetischen Wort, eine doppelte Bedeutung. Zunächst einmal richtete sich ihr Inhalt an die Menschen, die damals lebten. Darüber hinaus stellt jede Gemeinde im übertragenen Sinne auch eine Epoche in der Kirchengeschichte dar und skizziert den geistlichen Zustand der Gemeinde ihrer Zeit. In diesem Sinne sind die Sendschreiben auch prophetisches Wort. Die prophetische Endzeitrede Jesu in Matthäus 24 folgt übrigens dem gleichen Raster. Zunächst spricht Jesu über die Zerstörung Jerusalems und geht dann ohne besonderen Übergang darüber hinaus und schildert den Ablauf der Geschichte bis zu seiner Wiederkunft.

Zum besseren Verständnis der Sendschreiben ist es empfehlenswert, den Inhalt zu gliedern. Sechs Merkmale finden sich in allen sieben Sendschreiben.

1. Bedeutung des Namens
2. Charakteristische Merkmale der Stadt
3. Lob
4. Tadel
5. Der Rat Jesu
6. Die Verheißung Jesu an den Überwinder.

Das Sendschreiben an die Gemeinde Ephesus

„Dem Engel der Gemeinde in Ephesus schreibe: Das sagt, der da hält die sieben Sterne in seiner Rechten, der da wandelt mitten unter den sieben goldenen Leuchtern: Ich kenne deine Werke und deine Mühsal und deine Geduld und dass du die Bösen nicht ertragen kannst; und du hast die geprüft, die sagen, sie seien Apostel, und sind's nicht, und hast sie als Lügner befunden und hast Geduld und hast um meines Namens willen die Last getragen und bist nicht müde geworden. Aber ich habe gegen dich, dass du die erste Liebe verlässt. So denke nun daran, wovon du abgefallen bist, und tue Buße und tue die ersten Werke! Wenn aber nicht, werde ich über dich kommen und deinen Leuchter wegstoßen von seiner Stätte – wenn du nicht Buße tust. Aber das hast du für dich, dass du die Werke der Nikolaiten hassest, die ich auch hasse. Wer Ohren hat, der höre, was der Geist den Gemeinden sagt! Wer überwindet, dem will ich zu essen geben von dem Baum des Lebens, der im Paradies Gottes ist." (Kapitel 2, Verse 1 bis 7)

Ephesus heißt soviel wie wünschenswert. Das bezieht sich zunächst auf die günstige Lage der Stadt als führende Hafen- und Handelsstadt der damaligen Provinz Kleinasiens. Im übertragenen und geistlichen Sinne charakterisiert die Gemeinde Ephesus die sicher wünschenswerte Zeit der christlichen Urgemeinde während des 1. Jahrhunderts als die Apostel und Augenzeugen noch lebten, und die erste Liebe noch am glühendsten war.

Das charakteristische Merkmal der Ephesus-Ära war die Veränderung. Innerhalb von ein bis zwei Generationen wurde die gesamte damalige Welt mit dem Evangelium von der Liebe Gottes erfüllt. Die Botschaft von der Bergpredigt Jesu war für die stolze griechisch-römische Welt eine große Herausforderung. Am Ende des 1. Jahrhunderts stand die Gemeinde Jesu, wiewohl verfolgt und unterdrückt, als Siegerin da.

Ephesus war nicht nur eine sehr erfolgreiche Handelsmetropole, sondern auch die Stadt, wo der berühmte Tempel der Diana stand. Dieser Tempel galt im Altertum als eines der sieben Weltwunder, erbaut aus rotem, blauem, gelbem und weißem Marmor. Die berühmte Göttin Diana oder Artemis galt als Fruchtbarkeitsgöttin, ein Equivalent für den heidnischen Astarte-Kult, ein Zentrum orgastischer Fruchtbarkeitsriten von im höchsten Maße unmoralischem Charakter. Diana wurde auch als große Mutter der Götter bezeichnet. Es ist interessant, dass im Konzil von Ephesus im Jahre 451 n. Chr. der Titel „Mutter Gottes" zum ersten Mal für die Jungfrau Maria benutzt wurde, die nun nach der Vermischung von Heidentum und Christentum als Fortsetzung der bei den Heiden bekannten Bildern verehrt wurde, allerdings jetzt unter christlichem Vorzeichen. Um mit dem Prediger Salomo zu sprechen: „Es gibt nicht viel Neues unter der Sonne."

Die Botschaft des Herrn über seine erste Gemeinde Ephesus enthält viel Lob. „Ich kenne deine Werke und deine Mühsal und deine Geduld und weiß, dass du die Bösen nicht ertragen kannst; und du hast die geprüft, die sagen, sie seien Apostel, und sind's nicht, und hast sie als Lügner befunden und hast Geduld und hast um meines Namens willen Last getragen und bist nicht müde geworden." (Verse 2 und 3)

Wir dürften stolz sein, wenn der Herr heute so über uns und unsere Gemeinden urteilen würde. Ephesus war eine arbeitende, eine kämpfende Gemeinde, die sich völlig nach der Wahrheit des Wortes Gottes ausrichtete und keine Abweichung duldete.

Doch schon damals regte sich bereits das „Geheimnis der Bosheit" (2. Thessalonicher 2, Vers 7) „Aber ich habe gegen dich, dass du die erste Liebe verlässt." (Vers 4)

Mit dem allmählichen Wegsterben der Augen- und Ohrenzeugen Jesu schwand auch das Feuer der ersten Liebe. Vielleicht merkte die Gemeinde dies zunächst gar nicht, denn sie arbeitete, kämpfte und mühte sich ja weiter. Im Sinne der Bergpredigt Jesu ist aber alles, was nicht aus der Liebe geschieht, wertlos.

Die Botschaft Jesu lautet: „Bedenke ... und tue Buße." Jeder Mangel, jedes Versagen und jede Niederlage kann bei unserem gütigen Gott wieder geheilt werden, wenn wir es erkennen, bekennen und umkehren.

Die Konsequenz im Tadel Jesu über diese wünschenswerte Gemeinde Ephesus ist schwer. Sie lautet: Selbst eine arbeitende, kämpfende und rechtgläubige Gemeinde kommt nicht ans Ziel, wenn sie die erste Liebe verliert.

„Aber das hast du für dich, dass du die Werke der Nikolaiten hassest, die ich auch hasse." (Vers 6) Die feinsinnige griechische Gesellschaft hatte sich Philosophien geschaffen, die dem fleischlichen Herzen wohlgefielen. Man unterschied zwischen der Ebene des Geistes, die rein und heilig bleiben konnte und der Ebene des Fleisches, wo man durchaus den Begierden frönen durfte, um dann nach der Befriedigung der Lust wieder in die Ebene des Geistes und der Reinheit zurückzukehren. Doch der Geist Gottes macht solche Spitzfindigkeiten eines unbekehrten Herzens nicht mit. Christus hatte für jeden von der Sünde übereilten Menschen Verständnis, nicht aber für Heuchelei und Spitzfindigkeiten.

Der Rat Jesu an die Gemeinde Ephesus lautet: „Wer überwindet, dem will ich zu essen geben von dem Baum des Lebens, der im Paradies Gottes ist." (Vers 7) Das Elend von uns Menschen begann mit der Sünde. Der Mensch verlor dadurch den direkten Zugang zum Baum des Lebens und der unmittelbaren Gegenwart Gottes. Durch das Evangelium hat uns Jesus wiederum die Brücke ins Reich Gottes gebaut. Kinder Gottes dürfen Gott in nicht ferner Zukunft von Angesicht zu Angesicht schauen, sich wiederum der Frucht am Baum des Lebens erfreuen und ewig leben.

Die geistliche Botschaft an die Gemeinde Ephesus lautet: „Achte auf die erste Liebe, wenn du sie verlierst, dann verlierst du alles."

Das Sendschreiben an die Gemeinde Smyrna

„Und dem Engel der Gemeinde zu Smyrna schreibe: Das sagt der Erste und der Letzte, der tot war und ist lebendig geworden. Ich kenne deine Bedrängnis und deine Armut – du bist aber reich – und die Lästerung von denen, die sagen, sie seien Juden und sind's nicht, sondern sind die Synagoge des Satans. Fürchte dich nicht vor dem, was du leiden wirst! Siehe, der Teufel wird einige von euch ins Gefängnis werfen, damit ihr versucht werdet und ihr werdet in Bedrängnis sein zehn Tage. Sei getreu bis an den Tod, so will ich dir die Krone des Lebens geben. Wer Ohren hat, der höre, was der Geist den Gemeinden sagt! Wer überwindet, dem soll kein Leid geschehen von dem zweiten Tode." (Verse 8 bis 11)

Auf der römischen Poststraße ging ein Bote von Ephesus kommend weiter nördlich nach Smyrna und dann nach Pergamon.

Smyrna bedeutet wahrscheinlich soviel wie „süßer Duft von Myrre", ein Hinweis auf Leiden und Tod. Nach der Geschichte ließ der römische Kaiser Polycarp den Leiter der Gemeinde von

Smyrna öffentlich auf dem Hügel Pagus verbrennen, weil er sich weigerte, den Kaiser als Gott zu verehren.

Die Smyrna-Ära war für die Gemeinde eine Zeit bitterer Verfolgung. Sie dauerte etwa vom Ende des 1. Jahrhunderts bis zum Jahre 313 n. Chr. als Konstantin die Verfolgung einstellte.

„Das sagt der Erste und der Letzte, der tot war und ist lebendig geworden." (Vers 8)

Smyrna gilt als die Stadt des Lebens. Keine der sieben Städte hat bis in unsere Zeit als wichtige Metropole überlebt außer Smyrna, die bis heute eine große starke Stadt mit über dreihunderttausend Einwohnern in der Türkei geblieben ist. Keine Stadt hat mehr Belagerungen, Massaker, Erdbeben, Feuer und Plagen überstanden als Smyrna.

„Ich kenne deine Bedrängnis und deine Armut – du bist aber reich –" (Vers 9) Smyrna war nicht so berühmt und groß wie die Gemeinde Ephesus, aber sie hat bis heute überdauert. Ephesus wurde bekanntlich nach der Zerstörung Jerusalems im Jahre 70 n. Chr. zum damaligen Zentrum der christlichen Gemeinde. Smyrna hatte zwar viel Trübsal und Armut zu ertragen, aber war geistlich reich. Jesus sah keinen Grund, über Smyrna einen Tadel auszusprechen. Von den sieben Gemeinden sind nur zwei – Smyrna und Philadelphia – für die Jesus keinen Tadel hat.

In Vers 10 sagt der Herr „… und werdet in Bedrängnis sein zehn Tage." Während des 2. und 3. Jahrhunderts n. Chr. versuchten mehrere römische Kaiser systematisch die christliche Gemeinde auszulöschen. Sie fürchteten das Christentum als eine fremde Lehre, die die römische Lebensart zerstören könnte. Tatsächlich lassen sich unter den verschiedenen Cäsaren zehn furchtbare Verfolgungszeiten nachweisen. Die letzte und schlimmste war die unter Kaiser Diocletian. Sie dauerte zehn Jahre von 303 bis 313 n. Chr. bis Konstantin kam und damit ein Ende machte. Besonders in Katastrophenzeiten wie Hungersnot, Erdbeben, Unwetter, Epidemien jagte und verfolgte man die Christen, weil ihre abergläubischen und heidnischen Nachbarn annahmen, dass sie für diese Katastrophen verantwortlich seien, weil sie sich weigerten, die volkstümlichen Götter zu ehren und anzubeten.

„Wer überwindet, dem soll kein Leid geschehen von dem zweiten Tode." (Vers 11) Viele von den Gläubigen in dieser Zeit fanden einen unnatürlichen Tod. Sie verstanden diese Botschaft vom zweiten Tod, aus dem es bekanntlich keine Wiederkehr durch Auferstehung gibt. Aus Treue zu Jesus und seinem Wort erlitten viele von ihnen den ersten Tod und starben mit der Hoffnung auf die Auferstehung. Treue zur Wahrheit war ihnen mehr wert als ihr Leben. Die Botschaft des treuen Zeugen an die Gemeinde Smyrna: „Sei getreu bis an den Tod, so will ich dir die Krone des Lebens geben" (Vers 10), bedeutete für viele die letzte Verheißung, an die sie sich klammerten, bevor sie starben.

Das Sendschreiben an die Gemeinde Pergamon

„Und dem Engel der Gemeinde zu Pergamon schreibe: Das sagt, der da hat das scharfe, zweischneidige Schwert: Ich weiß, wo du wohnst: da, wo der Thron des Satans ist; und du hältst an meinem Namen fest und hast den Glauben an mich nicht verleugnet, auch nicht in den Tagen, als Antipas, mein treuer Zeuge, bei euch getötet wurde, da, wo der Satan wohnt. Aber einiges habe ich gegen dich: Du hast Leute dort, die sich an die Lehre Bileams halten, der den Balak lehrte, die Israeliten zu verführen, vom Götzenopfer zu essen und Hurerei zu treiben. So hast du auch Leute, die sich in gleicher Weise an die Lehre der Nikolaiten halten. Tue Buße; wenn aber nicht, so werde ich bald über dich kommen und gegen sie streiten mit dem Schwert meines Mundes. Wer Ohren hat, der höre, was der Geist den Gemeinden sagt! Wer überwindet, dem will ich geben von dem verborgenen Manna und will ihm geben einen weißen Stein; und auf dem Stein ist ein neuer Name geschrieben, den niemand kennt als der, der ihn empfängt." (Verse 12 bis 17)

Pergamon bedeutet soviel wie „Erhöhung" und charakterisiert treffend die Zeit in der Kirchengeschichte, in der durch das verlockende Angebot Kaiser Konstantins die verfolgte christliche „Sekte" zur römisch-katholischen Staatskirche erhöht wurde. Gemeint ist die Zeit von etwa 313 n. Chr. bis 538 n. Chr. In dieser Zeit konnte der Bischof von Rom seine Stellung als religiöser und politischer Führer in Europa begründen. Mit seiner Strategieänderung statt Verfolgung der Gemeinde Ruhm und Ehre anzubieten, war der Feind Gottes weitaus erfolgreicher, die Gemeinde Jesu zu schwächen.

Pergamon war für über zwei Jahrhunderte die Hauptstadt in der römischen Provinz Kleinasiens. In Pergamon gab es auch den obersten Gerichtshof. Jeden Gefangenen, der dort hinkam, erwartete entweder Leben oder Tod. Der, der hier zu seiner Gemeinde Pergamon spricht, ist „der da hat das scharfe, zweischneidige Schwert". Alle Menschen müssen einmal vor dem Richterstuhl Christi stehen (2. Korinther 5, Vers 10).

„Ich weiß, wo du wohnst: da, wo der Thron des Satans ist." (Vers 13)

Nach dem Sieg des Kyrus von Persien über Babylon verließen die babylonischen Priester die Stadt und flohen nach Pergamon. Hier befand sich nun das Hauptquartier der Religion Babylons (Anderson, Unfolding the Revelation, S. 23). Die wenigsten Menschen machen sich bewusst, dass auch der Feind ein „Evangelium" hat. Im Mittelpunkt dieses falschen Evangeliums steht der Mensch mit seinen guten Werken. Die Religion Babylons wurde eigentlich aus Unglauben und Auflehnung gegen Gott geboren. „Wohlauf, lasst uns eine Stadt und einen Turm bauen, dessen Spitze bis an den Himmel reiche, damit wir uns einen Namen machen ..." (1. Mose 11, Vers 4)

Gott hatte Noah versprochen, keine Flut mehr über diese Erde kommen zu lassen. Aber die Menschen misstrauten dem Schöpfer und wollten für den Fall, dass doch eine Flut kommt, ihre eigene Sicherheit mit dem Turm schaffen, der bis in die Atmosphäre reichen sollte. Der ursprüngliche Name, den Nimrod seiner Stadt gab, war Babril, „Tor zum Himmel". Das wahre Tor zum Himmel ist Christus und nicht die stolze Leistung von Menschen, die sich einen Namen machen wollten. In Babylon entstand im Laufe der Zeit eine Religion der Mysterien. Gott liebt Licht und Klarheit, während der Feind gern im Trüben fischt. Im Mittelpunkt der Religion Babylons stand der König, dem man ein Recht auf göttliche Verehrung einräumte und der den Titel Pontifex Maximus (oberster Brückenbauer) trug. Die Religion Babylons mit der göttlichen Verehrung des jeweiligen Herrschers wurde in der babylonischen Schule in Pergamon weiter gepflegt und gelangte von hier aus nach Rom und von Rom in die römisch-katholische Kirche (Anderson, Unfolding the Revelation, S. 23). Gottes Urteil über jede Abweichung vom biblischen Evangelium ist eindeutig und klar. „Aber auch wenn wir oder ein Engel vom Himmel euch ein Evangelium predigen würden, das anders ist, als wir es euch gepredigt haben, der sei verflucht." Galater 1, Vers 8. Das ist sehr deutlich.

So wurde Pergamon ein Bindeglied zwischen dem alten Babylon und Rom. Es ist nicht verwunderlich, dass gerade in Pergamon die göttliche Verehrung und Anbetung der Cäsaren ihren Ursprung hat.

Aber auch dort, wo des Satans Thron stand, hatte Gott eine treue Gemeinde. Der Name Antipas mag der Name des Ältesten der Gemeinde in Pergamon gewesen sein, der es ablehnte, sich vor dem Bild des Cäsars zu verbeugen und dafür in einem öffentlichen Schauprozess verbrannt wurde.

Der Tadel Jesu, dass sie damals etliche in der Gemeinde hatten, „... die an der Lehre Bileams halten, welcher den Balak lehrte, zu verführen die Kinder Israel, dass sie Götzenopfer aßen und Unzucht trieben" Vers 14, charakterisiert die Zeit, als die Gemeinde zur anerkannten Staatskirche wurde und die vornehme griechisch-römische Gesellschaft nun auch in die Gemeinde kam. Bileams Hauptinteresse war der Lohn Balaks. Als er diesen nicht auf den Wegen Gottes erlangen konnte, griff er zu teuflischen Mitteln und schließlich trug er dazu bei, dass Israel zur Unmoral und zum Götzendienst verführt wurde. Auf diese Weise wich der Schutz Gottes von Israel. Wenn die Führer des Volkes Gottes den Weg der Lauterkeit verlassen und ihren eigenen

Interessen dienen, dann leidet Gottes Sache. (Anderson, Unfolding the Revelation, S. 25.26)

Das Werk der Nikolaiten ist auch eine Erfindung des Teufels, um der feinen griechisch-römischen Gesellschaft so weit wie gewünscht entgegen zu kommen. Die Nikolaiten lehrten wie die Gnostiker, dass es im Leben die Ebene des Geistes und die Ebene des Fleisches gibt. Beide sind so weit voneinander getrennt, dass sie sich nicht gegenseitig beschmutzen können. Danach kann ein Mensch wohl seinen fleischlichen Lüsten folgen, um dann doch wieder in die reine Ebene des Geistes zurückzukehren. Auf diese Weise war Verzicht und Kampf gegen die Sünde nicht mehr erforderlich. Der Teufel beherrscht wahrlich par excellence die Trickkiste der Versuchung und Täuschung. Nur wer sein Leben ganz Jesus Christus übergibt und in Aufrichtigkeit und Treue bereit ist, ihm zu folgen, den wird er bewahren.

Die Aufforderung „tue Buße" ist in allen Briefen Jesu an seine Gemeinde enthalten, mit Ausnahme von zweien: Smyrna, in der Zeit der Verfolgung und Philadelphia, in der Zeit der Entstehung der Adventbewegung vor 1844.

Das Angebot Jesu an den Überwinder lautet: „... wer überwindet, dem will ich geben von dem verborgenen Manna und will ihm geben einen weißen Stein; und auf dem Stein ist ein neuer Name geschrieben, den niemand kennt als der, der ihn empfängt." (Vers 17) Wenn ein Sklave im Altertum seine Freiheit zurückbekam, dann gab man ihm einen weißen Stein, auf dem sein Name stand. Geistlich gesehen ist jeder Mensch solange ein Sklave seiner Selbstsucht, bis Christus ihn erlöst und befreit.

Das verborgene Manna ist ein Bild für den Zugang zum Baum des Lebens, den wir mit dem Sündenfall verloren haben. Christus kam, um uns die Freiheit und Hoffnung auf ewiges Leben zu schenken, wo wir wieder den Zugang zum Baum des Lebens haben werden. Die Bibel führt uns von Eden wieder zu Eden.

„Und ich sah einen neuen Himmel und eine neue Erde; denn der erste Himmel und die erste Erde sind vergangen..." (Offenbarung 21, Vers 1)

„Denn siehe, ich will einen neuen Himmel und eine neue Erde schaffen, dass man der vorigen nicht mehr gedenken und sie nicht mehr zu Herzen nehmen wird." (Jesaja 65, Vers 17) Trotz der Verlockungen von Ruhm und Ehre, Macht und Ansehen gab es auch in der Pergamon-Ära die Schar der Übrigen.

Das Sendschreiben an die Gemeinde Thyatira

„Und dem Engel der Gemeinde in Thyatira schreibe: Das sagt der Sohn Gottes, der Augen hat wie Feuerflammen und seine Füße sind wie Golderz: Ich kenne deine Werke und deine Liebe und deinen Glauben und deinen Dienst und deine Geduld und weiß, dass du je länger je mehr tust. Aber ich habe gegen dich, dass du Isebel duldest, diese Frau, die sagt, sie sei eine Prophetin, und lehrt und verführt meine Knechte, Hurerei zu treiben und Götzenopfer zu essen. Und ich habe ihr Zeit gegeben, Buße zu tun, und sie will sich nicht bekehren von ihrer Hurerei. Siehe, ich werfe sie aufs Bett und die mit ihr die Ehe gebrochen haben in große Trübsal, wenn sie sich nicht bekehren von ihren Werken, und ihre Kinder will ich mit dem Tode schlagen. Und alle Gemeinden sollen erkennen, dass ich es bin, der die Nieren und Herzen erforscht, und ich werde geben einem jeden von euch nach euren Werken. Euch aber sage ich, den anderen in Thyatira, die solche Lehre nicht haben und nicht erkannt haben die Tiefen des Satans, wie sie sagen: Ich will nicht noch eine Last auf euch werfen; doch was ihr habt, das haltet fest, bis ich komme. Und wer überwindet und hält meine Werke bis ans Ende, dem will ich Macht geben über die Heiden, und er soll sie weiden mit eisernem Stabe, und wie die Gefäße eines Töpfers soll er sie zerschmeißen, wie auch ich Macht empfangen habe von meinem Vater; und ich will ihm geben den Morgenstern. Wer Ohren hat, der höre, was der Geist den Gemeinden sagt!" (Verse 18 bis 29)

Wenn wir die Reise auf der römischen Poststraße durch Kleinasien fortsetzen, kommen wir von Pergamon nach Thyatira, der vierten Gemeinde in der Kirchengeschichte. Die sieben Sendschreiben des Herrn an seine Gemeinde geben uns ein umfassendes Bild der Gemeinde Jesu von den Tagen der Apostel bis zu seinem zweiten Kommen und der Errichtung des Reiches Gottes. Ephesus umfasst die apostolische Zeit der Urgemeinde von 31 n. Chr. bis etwa 100 n. Chr., Smyrna die Zeit der Verfolgung von 100 bis 313 n. Chr., Pergamon die Zeit der Erhöhung der Urgemeinde zur römisch-katholischen Staatskirche von 313 bis 538 n. Chr. Thyatira schildert nun die lange Zeit des finsteren Mittelalters, die 1260 Jahre der absoluten Herrschaft des Papsttums von 538 bis 1798 n. Chr., vielleicht auch nur bis zum Beginn der Reformation 1517 n. Chr. Die fünfte Gemeinde Sardes schildert das Volk der Reformation von 1517 bis ca. 1800 n. Chr., dem Beginn der Adventbewegung. Die sich anschließende Philadelphia-Zeit ist die Zeit der Entstehung der weltweiten Adventbewegung von ca. 1800 bis 1844 n. Chr. und die siebente Gemeinde Laodizea schildert den geistlichen Zustand des Volkes Gottes von 1844 bis heute. Die christliche Urgemeinde begann im Feuer der ersten Liebe, bewahrte ihre Reinheit in der Zeit der Verfolgung und durchlebte dann eine Zeit tiefen Abfalls, so wie es vom Herrn und den Aposteln vorhergesagt wurde. Paulus sprach schon zu seiner Zeit von dem „Geheimnis der Bosheit", das er auf die Gemeinde zukommen sah. Aber zum Ende hin wird Gottes Vorsehung dafür sorgen, dass zur letzten Zeit eine Gemeinde da sein wird, die sich zur Hochzeit bereitet hat.

„Und es soll durch dich wieder aufgebaut werden, was lange wüst gelegen hat, und du wirst wieder aufrichten, was vorzeiten gegründet ward; und du sollst heißen: ‚Der die Lücken zumauert und die Wege ausbessert, dass man da wohnen könne.'" (Jesaja 58, Vers 12)

„Bis wir alle hingelangen zur Einheit des Glaubens und der Erkenntnis des Sohnes Gottes, zum vollendeten Mann, zum vollen Maß der Fülle Christi." (Epheserbrief 4, Vers 13)

„Hier ist Geduld der Heiligen! Hier sind, die da halten die Gebote Gottes und den Glauben an Jesus!" (Offenbarung 14, Vers 12)

Der Name Thyatira bedeutet soviel wie „süßer Duft von Arbeit" oder „Werke der Buße" und charakterisiert treffend die Zeit des Mittelalters, wo die Gemeinde praktisch keinen Zugang zum Wort des Lebens besaß. Eine menschengemachte Religion aus Zeremonien und guten Werken ersetzte das Angebot der freien Gnade Gottes durch den Glauben an Jesus Christus. Ein menschliches Priestertum verdunkelte den Blick auf unseren Hohenpriester Jesus Christus als dem einzig wahren Mittler zwischen dem himmlischen Vater und uns Menschen. Deshalb stellt sich uns der Sohn des lebendigen Gottes „der Augen hat wie Feuerflammen und seine Füße sind wie Golderz" in seiner himmlischen Herrlichkeit vor. (Vers 18)

Die Stadt Thyatira, von Seleucus, einem General Alexander des Großen im Jahre 280 v. Chr. erbaut, zeigte stets Schwäche. Der einzige erfolgreiche Gewerbezweig in Thyatira war der des Färbens, in dem viele Christen damals ihren Unterhalt verdienten.

Die unerlaubte Heirat des israelitischen Königs Ahab mit der heidnisch-phönizischen Priesterin Isebel, die Israel in den Götzendienst führte, soll ein Sinnbild für die Thyatira-Zeit sein. Das war die Zeit, wo das Heidentum die Wahrheit des Evangeliums fast völlig auslöschen konnte. Wie zur Zeit Ahabs litt das Volk unter der Dürre.

Die Aussage in Vers 19 „... deine Werke und deine Liebe und deinen Glauben und deinen Dienst und deine Geduld und weiß, dass du je länger je mehr tust." könnte ein Hinweis auf die Reformation im 16. Jahrhundert sein bzw. auch ein Hinweis auf die Vorboten der Reformation, wie das missionarische Wirken der Waldenser, die Tätigkeit von John Wyclif im 14. Jhr. in England, die Reformation in Böhmen mit Hus und Hyronimus im 15. Jhr. Gott hatte verheißen, dass die Fackel der Wahrheit nicht verlöschen würde. So vermochte das Reich der Finsternis trotz all seiner furchtbaren Anstrengungen das Licht der Wahrheit nie völlig auszulöschen.

„Euch aber sage ich, den andern in Thyatira, die solche Lehre nicht haben und nicht erkannt haben die Tiefen des Satans, wie sie sagen: Ich will nicht noch eine Last auf euch werfen; doch was ihr habt, das haltet fest, bis ich komme." (Verse 24 und 25)

Selbst in der finstersten Zeit des Mittelalters ohne Zugang zum Worte Gottes gab es die „Anderen". Sie tröstet der Herr mit dem Wort, dass sie festhalten mögen, bis er kommt.

Augustin und viele andere Kirchenväter hatten auf Anordnung der Kirche das einfache Evangelium verändert. Die wunderbare Botschaft von der Auferstehung der Gläubigen bei der Wiederkunft Jesu wurde durch die Kirche interpretiert als die Auferstehung der verstorbenen Seelen zum geistlichen Leben bei ihrem Tode. Und die freudige Botschaft über die Errichtung des Reiches Gottes und des himmlischen Jerusalems auf unserer Erde wurde durch die Kirche umgedeutet in die Lehre vom tausendjährigen Friedensreich als der weltweiten Herrschaft der römisch-katholischen Kirche über alle Völker. Infolge dieser Umdeutung biblischer Aussagen wurde die Verkündigung des zweiten Kommens Jesu mit der Errichtung seines Gottesreiches nahezu bedeutungslos.

Die Verheißung an die Überwinder, dass sie einmal Macht über die Heiden bekommen würden, wenn sie bis ans Ende treu blieben, galt den zahllosen Märtyrern in ihrer Ohnmacht und Verachtung, mit der sie von den Vertretern der Kirche damals behandelt wurden. Millionen der Besten und Edelsten unter den Menschen wurden im Namen Gottes gequält und getötet, weil sie die Wahrheit mehr liebten als den Irrtum. Rom entzog den Menschen nicht nur für Jahrhunderte die Bibel, sie stellte sogar jeden unter Todesstrafe, der Gottes Wort las oder auch nur daraus zitierte. So wurde über Jahrhunderte in Europa nahezu jedes göttliche Licht ausgelöscht.

Offenbarung 3

Die Sendschreiben Jesu an seine Gemeinden Sardes, Philadelphia und Laodizea

„Und dem Engel der Gemeinde in Sardes schreibe: Das sagt, der die sieben Geister Gottes hat und die sieben Sterne: Ich kenne deine Werke. Du hast den Namen, daß du lebst, und bist tot. Werde wach und stärke das andre, das sterben will, denn ich habe deine Werke nicht als vollkommen befunden vor meinem Gott. So denke nun daran, wie du empfangen und gehört hast, und halte es fest und tue Buße. Wenn du aber nicht wachen wirst, werde ich kommen wie ein Dieb und du wirst nicht wissen, zu welcher Stunde ich über dich kommen werde. Aber du hast einige in Sardes, die ihre Kleider nicht besudelt haben; die werden mit mir einhergehen in weißen Kleidern, denn sie sind's wert. Wer überwindet, der soll mit weißen Kleidern angetan werden, und ich werde seinen Namen nicht austilgen aus dem Buch des Lebens, und ich will seinen Namen bekennen vor meinem Vater und vor seinen Engeln. Wer Ohren hat, der höre, was der Geist den Gemeinden sagt!" (Verse 1 bis 6)

Der Name Sardes bedeutet, das, was übrig bleibt oder der Überrest. Es kann auch bedeuten „etwas Neues" oder Erneuerung. Nach den Jahrhunderten der Finsternis und der Verfolgung blieb nur wenig wirklich wahrer Glaube übrig. Doch ein Überrest entfloh und fand in der Reformation neues geistliches Leben, doch wurde dies bald danach wieder schwach und wollte sterben. „Du hast den Namen, dass du lebst, und bist tot." (Vers 1)

Dieser bittere Vorwurf trifft die nachreformatorische Gemeinde, die ein Leben des Glaubens in Jesus Christus erfahren, aber im Laufe der Zeit diese lebendige Verbindung wieder verlassen hat und schließlich nur noch etwas vorgibt zu sein, es aber doch nicht mehr ist. Paulus stellt diesen traurigen geistlichen Zustand dar mit den Worten „... sie haben den Schein der Frömmigkeit, aber deren Kraft verleugnen sie." (2. Timotheus 3, Vers 5) Der protestantische Geist, der zur Zeit der Reformatoren gegen die Täuschungen, den Irrtum und den Formalismus der Kirche aufstand, ging verloren.

Die lebendige Erkenntnis aus dem Worte Gottes wurde in festen Dogmen und Glaubensbekenntnissen einzementiert, ohne dass die nachreformatorischen Generationen nach weiterem Licht im Worte Gottes forschten. Unter dem Schutz des Staates ging das Bewusstsein für das teure Gut der Glaubensfreiheit verlustig. Der aufkommende Rationalismus im 17. und 18. Jahrhundert tat sein Übriges. Wissenschaftliche Erkenntnisse trugen dazu bei, die Menschen glauben zu machen, dass es die ewig gültigen Naturgesetze sind, die den Ablauf im Universum bestimmen. Man studierte die Gesetze der Natur und vergaß den Schöpfer.

Paulus lobte die Christen zu Beröa: „Diese aber waren freundlicher als die in Thessalonich; sie nahmen das Wort bereitwillig auf und forschten täglich in der Schrift, ob sich's so verhielte." (Apostelgeschichte 17, Vers 11)

„So kommt der Glaube aus der Predigt, das Predigen aber durch das Wort Christi." (Römer 10, Vers 17)

Wenn die Gemeinde aufhört, sich täglich mit dem Wort Gottes zu beschäftigen, dann stirbt sie. Das Festhalten an Traditionen und Formen mag sie äußerlich noch lange am Leben erhalten, aber der Herr sieht nicht nur das, was vor Augen ist, sondern er sieht unser Herz. „Du hast den Namen, dass du lebst, und bist tot."

Sardes gilt als Stadt des Todes, obwohl infolge der Reformation zum ersten Mal die Macht des Papsttums gebrochen wurde und die Grundrechte des Menschen – die Freiheit der Persönlichkeit und des Gewissens – durch den Staat garantiert wurden. Entscheidend sind nicht so sehr die günstigen oder ungünstigen Umstände, sondern der Hunger der Gemeinde nach dem Brot des Lebens. Allein die lebendige Verbindung mit Jesus Christus entscheidet über das geistliche Leben.

Zur Zeit des Apostels Johannes war die Stadt Sardes eine gebrochene Stadt. Sie lebte von ihrer glorreichen Geschichte. Einst war sie die berühmte Hauptstadt des Königreichs Lydien, wo der sagenumwobene Schatz des König Krösus aufbewahrt war. Sie war auf einer Anhöhe gelegen und nur ein Eingang führte in die Stadt, so dass sie leicht zu verteidigen war. Kyrus eroberte die Stadt Sardes im Jahre 549 v. Chr., weil die Wächter zu selbstgefällig und nachlässig waren.

Der Herr fordert die zu Sardes auf, „aufzuwachen" und „Buße zu tun". „Wer sich dünkt, fest zu stehen, der sehe zu, dass er nicht falle." Der Feind umgarnt uns ständig. Wenn wir uns nicht täglich mit der Waffenrüstung des Glaubens und dem Kleid der Gnade schützen, wird er uns erbarmungslos zu Fall bringen. Unser einziger Schutz ist eine lebendige Glaubensverbindung mit Jesus Christus, die Liebe zu seinem Wort, das tägliche Gespräch des Glaubens im Gebet und der wachsende Wunsch, anderen Menschen das zu bezeugen, was uns selber glücklich macht.

Die bloße Erinnerung an die Reformatoren, die Vorstellung, dass die Schlachten geschlagen sind und wir uns in einer organisierten Religion gemächlich niederlassen können, sind trügerisch. Die Laschheit der protestantischen Bewegung von heute, die die Reformation im Zeitalter der Ökumene fast als ein geschichtliches Unglück ansieht, sind auch für das Adventvolk der 5. oder 6. Generation ein Lernbeispiel. Mögen auch wir erwachen, dass es uns nicht so geht, wie der ehemals protestantischen Bewegung, zu der der Herr sagen muss: „Du hast den Namen, dass du lebst, und bist tot."

„Wer Ohren hat, der höre, was der Geist den Gemeinden sagt!" (Vers 6) Jedes der sieben Sendschreiben endet mit diesem Rat. Mögen wir zu denen gehören, die Gottes Rat befolgen.

Das Sendschreiben an die Gemeinde Philadelphia

„Und dem Engel der Gemeinde in Philadelphia schreibe: Das sagt der Heilige, der Wahrhaftige, der da hat den Schlüssel Davids, der auftut, und niemand schließt zu, der zuschließt, und niemand tut auf: Ich kenne deine Werke. Siehe, ich habe vor dir eine Tür aufgetan und niemand kann sie zuschließen; denn du hast eine kleine Kraft und hast mein Wort bewahrt und hast meinen Namen nicht verleugnet. Siehe, ich werde schicken einige aus der Synagoge des Satans, die sagen, sie seien Juden, und sind's nicht, sondern lügen; siehe, ich will sie dazu bringen, dass sie kommen sollen und zu deinen Füßen niederfallen und erkennen, dass ich dich geliebt habe. Weil du mein Wort von der Geduld bewahrt hast, will ich auch dich bewahren vor der Stunde der Versuchung, die kommen wird über den ganzen Weltkreis, zu versuchen, die auf Erden wohnen. Siehe, ich komme bald; halte, was du hast, dass niemand deine Krone nehme! Wer überwindet, den will ich machen zum Pfeiler in dem Tempel meines Gottes, und er soll nicht mehr hinausgehen, und ich will auf ihn schreiben den Namen meines Gottes und den Namen des neuen Jerusalem, der Stadt meines Gottes, die vom Himmel hermiederkommt von meinem Gott, und meinen Namen, den neuen. Wer Ohren hat, der höre, was der Geist den Gemeinden sagt!" (Verse 7 bis 13)

Der Name Philadelphia bedeutet Bruderliebe. Im Sendschreiben Jesu an die Philadelphia-Gemeinde ist kein Tadel enthalten. Von den sieben Gemeinden trifft das nur noch für die Gemeinde Smyrna zu. Die Philadelphia-Zeit umfasst die Erweckungsbewegung im Protestantismus während des letzten Teils des 18. Jhr. und des ersten Teils im 19. Jhr., vielleicht von 1755 bis 1844, wo es den Gemeinden wieder darum ging, die Religion und den Glauben zu einer lebendigen und persönlichen Sache zu machen. In dieser von Gottes Geist ins Leben gerufenen Adventbewegung in Europa und den Vereinigten Staaten wurde erneut der Geist der ersten Liebe und der praktischen Gottseligkeit im Gegensatz zum starren Formenwesen gelebt. Ein lebendiger Glaube durch die unverdiente Gnade Christi und die freudige Naherwartung seines Kommens kennzeichneten die Erfahrungen der Adventbewegung dieser Zeit.

Die damalige Stadt Philadelphia war eine Missionsstadt, erfüllt von der Idee, die hellenistischen Gedanken des Griechentums in eine orientalisch-asiatische Welt zu tragen.

„Siehe, ich habe vor dir eine Tür aufgetan, und niemand kann sie zuschließen." (Vers 8) Zwei große Revolutionen, die in Amerika 1776 und die in Frankreich 1789 veränderten das Denken der Menschen. Die uneingeschränkte Macht des Papstes und die Macht von Kaiser und Königen wurde gebrochen und musste der Macht des Volkes weichen. Es war die Geburtsstunde der Demokratie, aber es war auch die Geburtsstunde der Bibel und der Missionsgesellschaften, die Anfang des 19. Jhr. den bis heute ungebrochenen Siegeszug der Heiligen Schrift einleiteten.

„Und es wird gepredigt werden dies Evangelium vom Reich in der ganzen Welt zum Zeugnis für alle Völker, und dann wird das Ende kommen." (Matthäus 24, Vers 14)

„Und ich sah einen andern Engel fliegen mitten durch den Himmel, der hatte ein ewiges Evangelium zu verkündigen denen, die auf Erden wohnen, allen Nationen und Stämmen und Sprachen und Völkern. Und er sprach mit großer Stimme: Fürchtet Gott und gebt ihm die Ehre; denn die Stunde seines Gerichts ist gekommen! Und betet den an, der gemacht hat Himmel und Erde und Meer und die Wasserquellen!" (Offenbarung 14, Verse 6 und 7)

Wenn Gott eine offene Tür gibt, dann kann sie niemand zuschließen. Das für Jahrhunderte zurückgehaltene Licht schien nun in ungekannter Helligkeit.

„Und du, Daniel, verbirg diese Worte und versiegle dies Buch bis auf die letzte Zeit. Viele werden es dann durchforschen und große Erkenntnis finden." (Daniel 12, Vers 4) Die Zeit für die Entsiegelung des prophetischen Buches Daniel war gekommen und lieferte gleichzeitig den Schlüssel zum Verständnis des letzten Buches der Bibel, der Offenbarung. Gott öffnete in dieser Zeit des Himmels Fenster und sein Licht fiel überallhin. Kaum einer denkt darüber nach, weshalb in den vergangenen zweihundert Jahren die Menschheit solche gewaltigen Sprünge nach vorne machen konnte, wie nie zuvor in der Menschheitsgeschichte. Während noch mein Vater um die Jahrhundertwende des vorigen Jahrhunderts in Berlin eine Straßenbahn mit Pferden benutzte und abends die Petroleumlampe löschte, sind wir heute in der Lage, am gleichen Tag nach New York zu fliegen und abends wieder zu Hause im eigenen Bett zu schlafen. Wenn Gott Licht und Segen schenkt, um sein ewiges Evangelium allen Menschen zu verkündigen, dann fallen die Strahlen überallhin und tragen Früchte.

Die Aussage in Vers 9 „… dass sie kommen sollen und zu deinen Füßen niederfallen und erkennen, dass ich dich geliebt habe." mag darauf hinweisen, dass in der Heimat wie in den entlegensten Gebieten auf unserer Erde bisher gegen Gott feindselig gesinnte Menschen durch die Verkündigung des Evangeliums und die Kraft der Liebe Jesu in seiner Gemeinde zu Freunden der Wahrheit wurden und hinfort Gott die Ehre geben.

Nach Vers 10 ist die Liebe zur Wahrheit nicht nur eine wünschenswerte Tugend, sondern wird einmal darüber entscheiden, ob wir in der letzten großen Auseinandersetzung zwischen Gut und Böse bestehen können oder nicht.

Das intensive Studium von Daniel und Offenbarung und das neue Verständnis der Weissagungen Jesu Christi aus Matthäus 24 führten bei vielen Christen in der damaligen Zeit zu der Überzeugung, dass die Wiederkunft Jesu vor der Tür steht. Der bemerkenswerte schwarze Tag vom 19. Mai 1780 sowie der phänomenale Sternenfall im Jahr 1833 wurde selbst von vielen Ungläubigen als göttliches Zeichen für die unmittelbar bevorstehende Ankunft des Heilandes gesehen.

Gemäß dem prophetischen Wort der Bibel und den Aussagen im Geist der Weissagung wird Gottes großes Rettungswerk auf Erden mit keiner geringeren Machtbekundung schließen, als der, die sich damals zu Pfingsten am Beginn der christlichen Gemeinde bekundete. Die Liebe zu Gottes Wort war, ist und wird immer der Schlüssel zum Sieg für Gottes Volk bleiben.

Das Sendschreiben an die Gemeinde Laodizea

„Und dem Engel der Gemeinde in Laodizea schreibe: Das sagt, der Amen heißt, der treue und wahrhaftige Zeuge, der Anfang der Schöpfung Gottes: Ich kenne deine Werke, dass du weder kalt noch warm bist. Ach, dass du kalt oder warm wärest! Weil du aber lau bist und weder warm noch kalt, werde ich dich ausspeien aus meinem Munde. Du sprichst: Ich bin reich und habe genug und brauche nichts!, und weißt nicht, dass du elend und jämmerlich bist, arm, blind und bloß. Ich rate dir, dass du Gold von mir kaufst, das im Feuer geläutert ist, damit du reich werdest, und weiße Kleider, damit du sie anziehst und die Schande deiner Blöße nicht offenbar werde, und Augensalbe, deine Augen zu salben, damit du sehen mögest. Welche ich lieb habe, die weise ich zurecht und züchtige ich. So sei nun eifrig und tue Buße! Siehe, ich stehe vor der Tür und klopfe an. Wenn jemand meine Stimme hören wird und die Tür auftun, zu dem werde ich hineingehen und das Abendmahl mit ihm halten und er mit mir. Wer überwindet, dem will ich geben, mit mir auf meinem Thron zu sitzen, wie auch ich überwunden habe und mich gesetzt habe mit meinem Vater auf seinen Thron. Wer Ohren hat, der höre, was der Geist den Gemeinden sagt!" (Verse 14 bis 22)

Das Zeugnis Jesu an die siebente und letzte Gemeinde Laodizea ist nun nicht mehr an irgendeine geschichtliche Gemeinde der Vergangenheit gerichtet, sondern an uns heute. Insofern enthält diese Botschaft die größte Aktualität.

„Das sagt, der Amen heißt ..." (Vers 14) Hier spricht einer, der die Autorität hat, das Schlusswort zu sagen. Dieses Schlusswort über die ganze Menschheit wird nicht der Präsident der Vereinigten Staaten oder der Papst oder der Generalsekretär der UNO sprechen, sondern Jesus Christus, die zweite Person der Gottheit. Laodizea bedeutet Volk des Gerichtes, denn diese Gemeinde lebt in der Zeit, wo seit 1844 im Himmel das große Untersuchungsgericht tagt.

Wir wissen aus dem prophetischen Wort, dass es keine achte Gemeinde mehr geben wird, so wie fälschlicherweise innerhalb der Kirchen noch das Kommen eines tausendjährigen Friedensreiches auf Erden erwartet wird, während die Botschaft des Himmels lautet: „Füchtet Gott und gebt ihm die Ehre; denn die Stunde seines Gerichts ist gekommen." (Offenbarung 14, Vers 7) Nicht die Erwartung eines tausendjährigen Friedensreiches haben wir vor uns, sondern das Ende der Gnadenzeit und die Ausgießung der sieben letzten Plagen Gottes über eine unbußfertige Menschheit. Doch Gott ist treu, er lässt die Menschheit nicht in der Täuschung über Gottes Gericht untergehen, ohne alle Menschen eindringlich und ausdrücklich aufzuklären und zu warnen. Die dazu verordnete Botschaft ist die Verkündigung des ewigen Evangeliums im Rahmen der dreifachen Engelsbotschaft nach Offenbarung 14. Doch kann der Herr sein großes Rettungswerk auf Erden nicht zum Abschluss bringen, solange Laodizea in seiner Lauheit verharrt. Hier steckt die eigentliche Problematik dieses Sendschreibens.

Das Zeugnis Jesu über seine letzte Gemeinde Laodizea ist wie eine Schocktherapie. Laodizea ist fälschlicherweise der Meinung, dass alles in Ordnung sei „… und weißt nicht, dass du elend und jämmerlich bist, arm, blind und bloß."

Laodizea scheint sich als Brautgemeinde nicht bewusst zu sein, dass die Liebe des Bräutigams zu seiner Braut sich in einer schweren Krise befindet. Der Zustand Laodizeas ist ganz anders als der Israels zur Zeit Jesu. Jesus prangerte damals die Heuchelei der Pharisäer an, die gerne ihre Frömmigkeit zur Schau stellten, aber in ihren Herzen lieblos und egoistisch waren und die die Finsternis mehr liebten als das Licht. Ganz anders seine letzte Gemeinde. Sie ist blind und weiß nicht, in welcher tödlichen

Gefahr sie sich befindet. Dieser Zustand ist zu vergleichen mit einem Menschen, der einen tödlichen Krebs in fortgeschrittenem Stadium in sich trägt, es aber nicht weiß. Also einer, der noch große Zukunftspläne macht, ohne zu wissen, dass sein Leben in tödlicher Gefahr ist. Wann wird Laodizea aufwachen? Erst dann, wenn es bereit ist, mit den Augen Jesu in den uns vorgehaltenen geistlichen Spiegel zu schauen und seinen persönlichen Mangel an geistlichem Leben zu erkennen. Wenn der Herr schon über die erste Gemeinde Ephesus – wünschenswert – sagt: „Aber ich habe wider dich, dass du die erste Liebe verlässt." (Ofenbarung 2, Vers 4) Wie kann dann Laodizea geheilt werden? Doch nur, wenn sie den guten Rat Jesu befolgt: „Ich rate dir, dass du Gold von mir kaufst, das im Feuer geläutert ist, damit du reich werdest, und weiße Kleider, damit du sie anziehst und die Schande deiner Blöße nicht offenbar werde, und Augensalbe, deine Augen zu salben, damit du sehen mögest." (Vers 18)

Es ist offensichtlich nicht die Sündlosigkeit, die Jesus fordert und die wir letztlich doch vergeblich erstreben. Denn weshalb sonst bietet der Herr der Gemeinde Laodizea weiße Kleider an, damit die Schande unserer Blöße nicht offenbar werde. Solange das Evangelium verkündigt wird, wendet es sich an sündige Menschen. Wir sind schon in Sünde geboren und werden auch in Sünde sterben. Aber Gottes Gnade hat für uns in der uns gegebenen Lebenszeit die Möglichkeit vorgesehen, dass wir das Heil annehmen. Das weiße Kleid Jesu macht uns nicht zu sündlosen Perfektionisten, sondern schenkt uns ein neues Herz und eine neue Gesinnung.

„Siehe, ich stehe vor der Tür und klopfe an. So jemand meine Stimme hören wird und die Tür auftun, zu dem werde ich eingehen und das Abendmahl mit ihm halten und er mit mir." (Vers 20) Christus will in unser Leben, in unsere Gedanken, in unsere Empfindungen, in unsere Gefühle, in unsere Pläne, in unsere Ehen, in unsere Familien, in unser Arbeitsleben, in alle unsere Wünsche. Er will als unser bester Freund uns auf allen unseren Wegen Tag und Nacht nahe sein.

Die Augensalbe des Geistes ist der Tröster, der Heilige Geist, der uns das Bewusstsein für das Wunder der Gegenwart Jesu in unserem Leben schenkt. Er führt uns in alle Wahrheit und öffnet uns das geistliche Verständnis, wenn wir Gottes Wort unter Gebet lesen. Er lässt uns die Gegenwart Jesu in unserem Leben erfahren. Er stärkt unseren Glauben und gibt Acht darauf, dass in uns die Früchte des Geistes wachsen können.

Das Gold des Glaubens ist die Liebe Jesu, ausgegossen in unsere Herzen durch den Heiligen Geist, durch die wir neue Menschen werden. Das größte Anliegen des Heiligen Geistes ist es, das Bild Jesu in uns wieder aufzurichten, das Reich Gottes in uns gegenwärtig werden zu lassen und das Gesetz der Liebe in unser Denken, Reden und Handeln zu schreiben. Gott möchte, dass wir freundliche und wahrhaftige Menschen werden, die Freude daran haben, anderen zu dienen und die die Kraft besitzen, ihr eigenes Ich zurückzustellen. Menschen, die gerne Frieden stiften und deren größter Wunsch es ist, anderen den Weg zu Jesus Christus zu zeigen.

„Wer überwindet, dem will ich geben, mit mir auf meinem Thron zu sitzen, wie auch ich überwunden habe und mich gesetzt habe mit meinem Vater auf seinen Thron." (Vers 21) Dies ist wohl die großartigste Verheißung der ganzen Bibel. Der Gedanke, dass wir uns einmal mit Jesus Christus auf den Thron Gottes setzen dürfen, übersteigt unser Fassungsvermögen.

Es ist also nicht zu spät für Laodizea. Diese letzte Gemeinde ist in Sonderheit zur Hochzeit berufen. Jeder, der Hochzeit halten will, bereitet sich darauf vor. Nicht nur auf die Hochzeitsfeierlichkeiten, auf Essen und Trinken, Kleidung und die Gästeliste, sondern auch darauf, wie jeder der beiden Hochzeitspartner noch vorhandene Bindungen löst oder in Ordnung bringt, um frei für die Bindung des Lebens zu werden mit dem Ziel, eine Ehe zu führen, eine Familie zu gründen und hinfort mit dem Partner ein gemeinsames Leben zu führen.

Den Aufruf Jesu, Buße zu tun, finden wir in jedem seiner Sendschreiben. Doch scheint die Aufforderung an Laodizea, umzukehren und Buße zu tun, von besonderer Bedeutung zu sein. Buße in dem Sinne, dass wir auf unser Leben mit den Augen Gottes schauen, als ob wir schon im himmlischen Gericht stünden. Wir stehen an der Grenze zur himmlischen Heimat. Die Rückschau auf unser Leben sollte nicht oberflächlich oder ungenau sein. Was jetzt zählt, ist nicht in erster Linie unsere Karriere, unsere nächste Urlaubsreise, ein schönes Bankkonto, eine Freundschaft, sondern der aufrichtige Wunsch, in Harmonie mit unserem Schöpfer-Gott zu leben und seinen offenbarten Willen über alles zu stellen. „Dem Aufrichtigen will ich's gelingen lassen." Gott stellt offensichtlich keine andere Bedingung als diese.

Offenbarung 4

Ein Blick in das himmlische Allerheiligste, wo das Untersuchungsgericht tagt

„Danach sah ich, und siehe, eine Tür war aufgetan im Himmel, und die erste Stimme, die ich mit mir hatte reden hören wie eine Posaune, die sprach: Steig herauf, ich will dir zeigen, was nach diesem geschehen soll. Alsbald wurde ich vom Geist ergriffen. Und siehe, ein Thron stand im Himmel und auf dem Thron saß einer. Und der da saß, war anzusehen wie der Stein Jaspis und Sarder; und ein Regenbogen war um den Thron, anzusehen wie ein Smaragd." (Verse 1 bis 3)

„Ich sah, wie Throne aufgestellt wurden, und einer, der uralt war, setzte sich. Sein Kleid war weiß wie Schnee und das Haar auf seinem Haupt rein wie Wolle; Feuerflammen waren sein Thron und dessen Räder loderndes Feuer. Und von ihm ging aus ein langer feuriger Strahl. Tausendmal Tausende dienten ihm und zehntausendmal Zehntausende standen vor ihm. Das Gericht wurde gehalten, und die Bücher wurden aufgetan." (Daniel 7, Verse 9 und 10)

Obwohl eine Zeitspanne von über 600 Jahren dazwischen liegt, sehen Daniel und Johannes offensichtlich die gleiche Gerichtsszene im Himmel. Das prophetische Wort folgt bekanntlich dem Grundsatz: „Wiederholung und Ausweitung". Alle wichtigen Wahrheiten der Heiligen Schrift wiederholt Gott mehrmals. Mit jeder Wiederholung fügt er weitere Einzelheiten hinzu, so dass das Bild immer umfassender wird. Obwohl die Bibel über einen langen Zeitraum von etwa 1500 Jahren von mehr als 40 verschiedenen Schreibern verfasst wurde, ist sie doch eine Einheit, denn in jedem der Schreiber war der Geist Jesu Christi. (2. Petrus 1, Vers 21)

In Daniel 7 wie auch in Offenbarung 4 zeigt uns Gott gleichermaßen die große Gerichtsszene, die 1844 im Himmel begann als die erste Phase des Endgerichtes Gottes. „Denn die Zeit ist da, dass das Gericht anfängt an dem Hause Gottes." (1. Petrus 4, Vers 17) In diesem Gericht geht es ausschließlich um die Gläubigen (Anderson, Unfolding the Revelation, S. 48.49).

Wenn Christus zum zweiten Mal kommt, dann kommt er für die Gläubigen zur Hochzeit und nicht zum Gericht. Deshalb muss das Untersuchungsgericht für die Gläubigen vor der Wiederkunft Christi stattfinden. In diesem Sinne sieht Daniel, wie im himmlischen Gericht die Bücher geöffnet werden. In den Büchern des Himmels steht nicht nur die Tatsache verzeichnet, dass wir an Jesus Christus gläubig geworden sind, sondern darin steht auch die lange Reihe unserer Verfehlungen. Doch im himmlischen Gericht gilt das Evangelium der Bibel: „Wenn wir aber unsre Sünden bekennen, so ist er treu und gerecht, dass er uns die Sünden vergibt und reinigt uns von aller Ungerechtigkeit." (1. Johannes 1, Vers 9)

„Wer an den Sohn glaubt, der hat das ewige Leben." (Johannes 3, Vers 36)

Es scheint Gottes besondere Freude zu sein, die Gläubigen in Gegenwart des gesamten zuschauenden Weltalls aufgrund ihres Glaubens an Jesus Christus zu rechtfertigen. „Bis der kam, der uralt war, und Recht schaffte den Heiligen des Höchsten und bis die Zeit kam, dass die Heiligen das Reich empfingen." (Daniel 7, Vers 22)

Gott wird seinen Heilsplan nicht abschließen, ohne in Gegenwart des ganzen ungefallenen Weltalls die Geschichte der Empörung, die ja bekanntlich im Himmel begann, für alle noch einmal sichtbar zu machen. Das geschieht im himmlischen Untersuchungsgericht. Da mit dem Ende dieses Untersuchungsgerichts auch die Gnadenzeit endet, muss in diesem Gericht endgültig entschieden werden, wer zu Jesus Christus gehört und wer nicht.

Johannes, der die gleiche Gerichtsszene wie vor ihm schon Daniel schaut, darf uns noch tiefer in die Welt Gottes hineinführen. In Kapitel 4 werden uns weitaus mehr Einzelheiten über den Thron Gottes beschrieben als bei Daniel. In Kapitel 5 ff. sehen wir dann, wie unter der Symbolik eines Buches mit sieben Siegel die Menschheitsgeschichte auf Breitleinwand aufgerollt wird, um jeden gläubigen Menschen im himmlischen Gericht vor dem Hintergrund seines Lebens, seiner Familie, seiner großen oder auch kleinen Chancen und Gelegenheiten zu beurteilen. Es gibt sogar Hinweise in der Bibel, die darauf schließen lassen, dass Gott in diesem himmlischen Tribunal auch unsere Erbanlagen mit einbezieht (Psalm 87, Vers 6).

Es scheint fast so als ob sich uns das gesamte Buch der Offenbarung mit seinen Bildern und Symbolen über die sieben Gemeinden, die sieben Siegel, die sieben Posaunen und die sich anschließenden prophetischen Darlegungen der Vergangenheit und der Zukunft stets vor dem Hintergrund der großen Gerichtsszene im Himmel darstellt. Jedenfalls ist das eine interessante Sicht, die uns vieles verständlicher macht (Anderson, Unfolding Revelation, S. 48).

Der Thron Gottes, den wir in Kapitel 4 sehen dürfen, ist nicht der Thron der Herrlichkeit (Matthäus 25, Vers 31), sondern es ist der regenbogenumgebende Thron der Gnade, zu dem wir täglich mit Zuversicht und Freudigkeit kommen dürfen, um Gnade, Barmherzigkeit und Hilfe zu empfangen (Hebräer 4, Vers 16). So wie ein Regenbogen nur entstehen kann, wenn sich Sonnenstrahlen und Regentropfen vermischen, so ist es auch am Thron Gottes, wo „Güte und Treue einander begegnen, Gerechtigkeit und Friede sich küssen." (Psalm 85, Vers 11)

Daniel wie auch Johannes sind unfähig, den zu beschreiben, der auf dem Thron sitzt. Daniel sagt: „Und einer, der uralt war, setzte sich." Und Johannes kann nur sagen: „Und auf dem Thron saß einer." Mehr nicht.

Ganz anders ist es, wenn der Prophet Jesus Christus „des Menschen Sohn" in seiner himmlischen Herrlichkeit beschreibt. „Ich wurde vom Geist ergriffen am Tag des Herrn und hörte hinter mir eine große Stimme wie von einer Posaune ... sein Haupt aber und sein Haar war weiß wie weiße Wolle, wie der Schnee, und seine Augen wie eine Feuerflamme, und seine Füße wie Golderz, das im Ofen glüht, und seine Stimme wie großes Wasserrauschen; und er hatte sieben Sterne in seiner rechten Hand, und aus seinem Munde ging ein scharfes, zweischneidiges Schwert, und sein Angesicht leuchtete, wie die Sonne scheint in ihrer Macht." (Offenbarung 1, Verse 10, 14 bis 16)

„... und hob meine Augen auf und sah, und siehe, da stand ein Mann, der hatte leinene Kleider an und einen goldenen Gürtel um seine Lenden. Sein Leib war wie ein Türkis, sein Antlitz sah aus wie ein Blitz, seine Augen wie feurige Fackeln, seine Arme und Füße wie helles, glattes Kupfer, und seine Rede war wie ein großes Brausen." (Daniel 10, Verse 5.6) Beide Texte beschreiben ausführlich Jesus Christus in seiner himmlischen Herrlichkeit, so dass wir imstande sind, uns sein Bild einzuprägen.

Was Daniel nicht sehen konnte, durfte wiederum Johannes sehen, dass um den Thron Gottes noch 24 weitere Throne stehen. „Und um den Thron waren 24 Throne und auf den Thronen saßen 24 Älteste, mit weißen Kleidern angetan, und hatten auf ihren Häuptern goldene Kronen." (Vers 4)

Offenbarung 5, Vers 9 erklärt uns diese Älteste als Menschen. „Und sie sangen ein neues Lied: Du bist würdig, zu nehmen das Buch und aufzutun seine Siegel; denn du bist geschlachtet und hast mit deinem Blut Menschen für Gott erkauft aus allen Stämmen und Sprachen und Völkern und Nationen." (Englische Bibelübersetzung KJV und ABC, Band 7, Seite 770)

Nach Matthäus 27, Verse 52.53 gab es in Verbindung mit der Auferstehung Jesu eine Teilauferstehung. „Und die Erde erbebte, und die Felsen zerrissen, und die Gräber taten sich auf und viele Leiber der entschlafenen Heiligen standen auf und gingen aus den Gräbern nach seiner Auferstehung und kamen in die heilige Stadt und erschienen vielen." Als Christus gen Himmel fuhr, nahm er als Erstlingsfrucht eine größere Anzahl von auferstandenen Gläubigen mit sich. Die 24 Älteste, die als königliche Priester an dem himmlischen Untersuchungsgericht in unmittelbarer Nähe des Thrones Gottes teilnehmen, sind also Vertreter von uns Menschen, die genauso wie wir durch die Gnade Gottes leben. „Und hast uns mit deinem Blut für Gott erkauft ..." (Englische Bibelübersetzung KJV)

„Und von dem Thron gingen aus Blitze, Stimmen und Donner; und sieben Fackeln mit Feuer brannten vor dem Thron, das sind die sieben Geister Gottes." (Vers 5) Unser menschliches Leben hier auf Erden folgt dem Biorhythmus Wachen und Schlafen. „Doch der Allmächtige im Himmel schläft und schlummert nicht." (Psalm 121) Die sieben Fackeln am Throne Gottes sind ein Sinnbild für den Geist Gottes, der zu jeder Zeit und an jedem Ort immer und ewig wachsam und gegenwärtig ist.

„Und vor dem Thron war es wie ein gläsernes Meer, gleich dem Kristall, und in der Mitte am Thron und um den Thron vier himmlische Gestalten, voller Augen vorn und hinten. Und die erste Gestalt war gleich einem Löwen, und die zweite Gestalt war gleich einem Stier, und die dritte Gestalt hatte ein Antlitz wie ein Mensch, und die vierte Gestalt war gleich einem fliegenden Adler." (Verse 6 und 7)

Die vier Gestalten könnten ähnlich wie in der Darstellung von Hesekiel 1 ein Sinnbild für die Engel Gottes sein, die auf der Himmelsleiter auf- und niedersteigen, um im Auftrag Jesu uns Menschen auf dem Weg des Glaubens zu dienen. Insofern könnten die mit ihnen verbundenen Bilder „Löwe, Stier, Mensch und Adler" Wesenseigenschaften unseres Herrn charakterisieren, wie Stärke, Ausdauer, Intelligenz und Schnelligkeit. Im Reiche Gottes werden wir alle einmal auch die uns begleitenden Engel kennen lernen und werden ihnen für ihren lebenslangen Dienst der Liebe danken.

Die himmlischen Wesen wie auch die 24 Ältesten, die anders als wir Menschen Gottes Allmacht und Gottes Güte stets vor Augen haben, müssen immer wieder Gott von Herzen loben und ihm für all seine Gnade danken. „Herr, unser Gott, du bist würdig, zu nehmen Preis und Ehre und Kraft; denn du hast alle Dinge geschaffen, und durch deinen Willen waren sie und wurden sie geschaffen." (Vers 11)

Die Tatsache, dass die 24 Ältesten den Herrn mit dem griechischen Wort Kyrios, hebräisch Jahweh, ansprechen, deutet einmal mehr darauf hin, dass es sich um erlöste Menschen handeln muss.

Die ganze Szene aus Offenbarung Kapitel 4 beginnt mit der Aufforderung: „Danach sah ich, und siehe, eine Tür war aufgetan im Himmel ..." (Vers 1)

Aus Daniel 8, Vers 14 „bis zweitausenddreihundert Abende und Morgen vergangen sind; dann wird das Heiligtum wieder geweiht werden." und Kapitel 9, Vers 25 wissen wir, dass die zweite und letzte Phase im himmlischen Heilsplan 1844 mit der Eröffnung des Untersuchungsgerichtes im Himmel begann. Zum besseren Verständnis der Vorgänge im himmlischen Heiligtum sollten wir zunächst die gegenständlichen Abläufe im irdischen Heiligtum in Israel kennen. Mose musste bekanntlich die Stiftshütte nach dem himmlischen Vorbild bauen. Gott nimmt Rücksicht auf unsere begrenzten geistig-geistlichen Fähigkeiten und kommt uns mit menschlichen Bildern und Zeremonien entgegen. Traurig ist es nur, wenn Bibelausleger den alttestamentlichen Gottesdienst als jüdisch und überholt abtun und sich damit den Schlüssel zum Verständnis der geistlichen Vorgänge im Himmel nehmen.

Wie tragisch wird es einmal sein, wenn die Christenheit, die in der irrtümlichen Erwartung eines tausendjährigen Friedensreiches lebt, feststellen muss, dass mit dem Ende des himmlischen Untersuchungsgerichts auch die Gnadenzeit endet und kein Mensch mehr die Möglichkeit hat, Vergebung zu empfangen. Dann wird sich das alte Prophetenwort bewahrheiten:

„Siehe, es kommt die Zeit, spricht Gott der Herr, dass ich einen Hunger ins Land schicken werde, nicht einen Hunger nach Brot oder Durst nach Wasser, sondern nach dem Wort des Herrn, es zu hören; dass sie hin und her von einem Meer zum andern, von Norden nach Osten laufen und des Herrn Wort suchen und doch nicht finden werden." (Amos 8, Verse 11 und 12)

Eines Tages wird „die Tür" ins himmlische Heiligtum verschlossen sein und kein Mensch kann sie dann mehr öffnen. Dann wird die Botschaft vom Kreuz wertlos werden, weil Christus nicht mehr Mittler zwischen seinem Vater und uns Menschen ist. Deshalb heißt es im Hebräerbrief: „Das ist nun die Hauptsache bei dem, wovon wir reden: Wir haben einen solchen Hohenpriester, der da sitzt zur Rechten des Thrones der Majestät im Himmel." (Hebräer 8, Vers 1) Wenn Christus dort nicht mehr als unser Hoherpriester dient, steht uns Menschen sein Opfer von Golgatha auch nicht mehr zur Verfügung.

Wir erkennen daraus, die Hauptsache ist wohl nicht das, was hier auf Erden geschieht, sondern das, was unser Herr für uns im himmlischen Heiligtum tut. Zu spät werden Menschen erkennen müssen, dass die Hauptsache woanders zu finden ist: Am Thron der Gnade in der himmlischen Welt.

Offenbarung 5

Das Buch mit den sieben Siegeln

„Und ich sah in der rechten Hand dessen, der auf dem Thron saß, ein Buch, beschrieben innen und außen, versiegelt mit sieben Siegeln. Und niemand, weder im Himmel noch auf Erden noch unter der Erde, konnte das Buch auftun und hineinsehen. Und ich weinte sehr, weil niemand für würdig befunden wurde, das Buch aufzutun und hineinzusehen. Und ich sah mitten zwischen dem Thron und den vier Gestalten und mitten unter den Ältesten ein Lamm stehen, wie geschlachtet; es hatte sieben Hörner und sieben Augen, das sind die sieben Geister Gottes, gesandt in alle Lande. Und es kam und nahm das Buch aus der rechten Hand dessen, der auf dem Thron saß. Und als es das Buch nahm, da fielen die vier Gestalten und die vierundzwanzig Ältesten nieder vor dem Lamm, und ein jeder hatte eine Harfe und goldene Schalen voll Räucherwerk, das sind die Gebete der Heiligen, und sie sangen ein neues Lied: Du bist würdig, zu nehmen das Buch und aufzutun seine Siegel; denn du bist geschlachtet und hast mit deinem Blut Menschen für Gott erkauft aus allen Stämmen und Sprachen und Völkern und Nationen und hast sie unserm Gott zu Königen und Priestern gemacht, und sie werden herrschen auf Erden." (Verse 1.3.4.6-10)

Die Vision, die Johannes hier beschreibt, begann bereits mit Kapitel 4. „Danach sah ich, und siehe, eine Tür war aufgetan im Himmel ..." (Offenbarung 4, Vers 1)

Die Offenbarung ist wie ein Kommentar zum Buch Daniel. Ein prophetisches Buch erklärt das andere, aber setzt auch das Wissen um das andere voraus. Die Offenbarung führt die Gedanken des Buches Daniel fort.

Der Engel Gabriel kam zu Daniel mit den Worten: „Nun aber komme ich, um dir Bericht zu geben, wie es deinem Volk gehen wird am Ende der Tage; denn das Gesicht geht auf ferne Zeit." (Daniel 10, Vers 14)

Als Daniel sein Buch schrieb, war die Zeit wirklich noch ferne. Als Johannes die Offenbarung schrieb, hieß es schon: „Dies ist die Offenbarung Jesu Christi, die ihm Gott gegeben hat, seinen Knechten zu zeigen, was in Kürze geschehen soll; ... denn die Zeit ist nahe." (Offenbarung 1 und 3)

Inzwischen sind noch einmal tausendneunhundert Jahre vergangen, und die meisten der von den Propheten geweissagten Ereignisse haben sich inzwischen erfüllt. In der ersten Engelsbotschaft (Offenbarung 14, Verse 6.7) heißt es nun: „Und ich sah einen andern Engel fliegen mitten durch den Himmel, der hatte ein ewiges Evangelium zu verkündigen denen, die auf Erden wohnen, und allen Nationen und Stämmen und Sprachen und Völkern und sprach mit großer Stimme: Fürchtet Gott und gebet ihm die Ehre; denn die Stunde seines Gerichts ist gekommen! Und betet an den, der gemacht hat Himmel und Erde und Meer und die Wasserquellen!"

Heute können wir nicht mehr von einer fernen Zeit sprechen. Wir können nicht einmal davon sprechen, dass die Zeit nahe ist, denn es heißt: „Die Stunde seines Gerichts ist gekommen."

Seit über 150 Jahren tagt im himmlischen Heiligtum ein Gericht in Gegenwart der Engel und aller Bewohner des Universums gemäß dem Pauluswort: „Denn wir sind ein Schauspiel geworden der Welt und den Engeln und den Menschen." (1. Korinther 4, Vers 9)

Es ist schon seltsam, der ganze Himmel will unsere Weltzeit der Sünde und Auflehnung zum Abschluss bringen; und die Menschen unter Leitung ihrer religiösen Führer richten sich auf ein tausendjähriges Friedensreich oder auf das neue Wassermann-Zeitalter (New Age) auf Erden ein. Offensichtlich werden wir in eine falsche Richtung geführt. Wenn Gott sein Erlösungswerk zu Ende bringen will, dann kann die Menschheit nicht so tun, als ob sie das nichts anginge. „Ich bin Gott, und sonst keiner mehr, ein Gott, dem nichts gleicht." (Jesaja 46, Vers 9)

Gott hat zwar nicht gesagt, an welchem Tag er wiederkommen wird, aber er hat uns genug Zeichen gegeben, an denen wir ablesen können, wo wir stehen. „Wenn aber dieses anfängt zu geschehen, dann seht auf und erhebt eure Häupter, weil sich eure Erlösung naht." (Lukas 21, Vers 28)

Israel zur Zeit Jesu hatte es da noch wesentlich einfacher. Sie wussten aus Daniel, Kapitel 9, genau wann der Messias kommen würde.

Gemäß der Weissagung der 70 Jahrwochen, (Daniel 9, Vers 24), sollte der Messias nach der 69. Jahrwoche oder nach 483 Jahren, das war das Jahr 27 n. Chr. erscheinen.

Die Juden wußten nicht nur, wann der Messias kommen, sondern auch, wann er sterben würde. Gabriel offenbart Daniel, dass in der Mitte der 70. Jahrwoche das Schlachtopfer aufhören sollte (Daniel 9, Vers 27). Nach dreieinhalb Jahren des öffentlichen Wirkens wird Jesus, genau wie vorhergesagt, im Frühjahr des Jahres 31 gekreuzigt. Er stirbt am Karfreitag um drei Uhr nachmittags, zur Zeit des Abendopfers, als der schwere Vorhang im Tempel von Jerusalem von oben nach unten zerreißt und Gott dadurch aller Welt kundtut, dass nun die Tier-Opfer nicht mehr nötig sind, weil Christus, das „Lamm Gottes", für uns Menschen am Kreuz mit den Worten stirbt: „Es ist vollbracht." Damit fanden alle religiösen Zeremonien im israelischen Gottesdienst ihre Erfüllung und auch ihr Ende.

Auch der dritte und letzte Teil der Weissagung aus Daniel 9 wurde pünktlich erfüllt. „Er wird aber vielen den Bund schwer machen eine Woche lang." (Daniel 9, Vers 27) Jesus wie auch die christliche Urgemeinde wandte sich in den ersten Jahren mit der frohen Botschaft vom Reiche Gottes ausschließlich an die Juden.

Erst mit dem Jahr 34 n. Chr. sollte sich das ändern, genau wie Daniel es vorhergesagt hat. Stephanus wurde gesteinigt und die Verfolgung begann. Die letzte Gnadenzeit Gottes für Israel endet im Jahre 34 n. Chr. Seit dieser Zeit ist Israel nicht mehr Eigentumsvolk Gottes, wie es das nahezu 1500 Jahre lang gewesen ist. Gott überträgt nun alle Verheißungen der Bibel auf das geistliche Israel, die christliche Gemeinde der Übrigen.

Der erste Teil der großen prophetischen Zeitrechnung aus Daniel 8, Vers 14 wurde in den eben geschilderten Ereignissen in Verbindung mit den 70 Jahrwochen bis auf die Minute genau erfüllt. Von den 2300 Jahren waren im Jahre 34 n. Chr. aber erst 490 Jahre abgelaufen. Rechnet man zum Jahre 34 n. Chr. die verbleibenden 1810 Jahre hinzu, kommt man in den Herbst des Jahres 1844, wo die Reinigung des himmlischen Tempels mit der Eröffnung der ersten Phase des Endgerichtes Gottes begann.

Genau diese Gerichtszene sieht Johannes in Kapitel 5.

Er sieht, wie der Vater ein Buch in der Hand hält, was inwendig und auswendig beschrieben und versiegelt ist. Und niemand im Himmel noch auf Erden kann dieses Buch auftun. Johannes ist so bewegt, dass er zu weinen beginnt.

Was auch immer in diesem Buch geschrieben steht, es hat mit der Erlösung von uns Menschen zu tun.

Denn als „das Lamm, was erwürget ist", das Buch nimmt, beginnen die 24 Ältesten ihr Loblied zu singen. Es ist das Lied ihrer Erfahrung, was dem Lamm in Sonderheit gilt. „Du bist würdig, zu nehmen das Buch und aufzutun seine Siegel; denn du bist geschlachtet und hast uns mit deinem Blut Menschen für Gott erkauft ..." (Vers 9)

Mit dem Sündenfall im Paradies ging unsere Erde in fremde Hände über. Vor diesem Hintergrund ist das Wort Jesu aus der Bergpredigt zu verstehen: „Selig sind die Sanftmütigen; denn sie werden das Erdreich besitzen." (Matthäus 5, Vers 5) Gott wird einmal den verlorengegangenen Besitz wieder in die Hände der rechtmäßigen Erben zurückgeben. Hierzu gab es in Israel eine weise Ordnung. Wer durch Not oder Unglück sein Land verkaufen musste, wusste, dass dieser Verlust nur bis zum Jubeljahr (jedem 50. Jahr) andauern würde. In einem versiegelten Vertrag mit dem Eigentümer und dem Erwerber wurde in doppelter Ausfertigung unter Einbeziehung von zwei Zeugen bestätigt, unter welchen Bedingungen der verloren gegangene Besitz wieder in die Hände der rechtmäßigen Eigentümer oder ihrer Erben zurückgegeben werden sollte.

Vielleicht ist das Buch mit den sieben Siegeln, was der, der uralt war, in den Händen hält, ein Sinnbild für die Geschichte des Erlösungsplanes. Ohne das Kommen des Erlösers würden wir nie wieder in unsere Rechte als Kinder Gottes eingesetzt werden können. „Denn der Sünde Sold ist der Tod." Aber „Gottes Gabe ist das ewige Leben". „Also hat Gott die Welt geliebt, dass er seinen eingeborenen Sohn gab, damit alle, die an ihn glauben, nicht verloren werden, sondern das ewige Leben haben." (Johannes 3, Vers 16)

Im himmlischen Untersuchungsgericht geht es um unsere Erlösung und Wiedereinsetzung in die verloren gegangenen Rechte. Daniel sah in Kapitel 7, wie dazu die Bücher geöffnet wurden. Die nun beginnende Öffnung der sieben Siegel wie auch die sich anschließende prophetische Darstellung in der Symbolik der sieben Posaunen scheint jeweils den Ablauf unserer Weltgeschichte vor diesem himmlischen Tribunal darzustellen, vergleichbar mit einer Lebensbühne, auf der sich das Leben aller Gläubigen in den verschiedenen Zeitaltern abspielt. Gott beurteilt unser Leben und unseren Glauben stets unter Einbeziehung aller unserer Lebensumstände.

Wenn dieses seit 1844 im himmlischen Heiligtum tagende Gericht über die Gläubigen einmal endet – und das wird sehr bald sein –, dann hört Christus auf, Mittler zwischen uns und seinem Vater zu sein. Der Erlösungsplan Gottes kommt zum Abschluss. Die Gnadenzeit endet und die Tür wird verschlossen.

Wie furchtbar ist der Gedanke, dass Menschen die angenehme Zeit versäumen könnten und des ewigen Lebens verlustig gehen, weil sie davon nichts gewusst haben.

Das traurigste Wort der ganzen Bibel steht in Jeremia 8, Vers 20: „Die Ernte ist vergangen, der Sommer ist dahin und uns ist keine Hilfe gekommen!"

Im himmlischen Untersuchungsgericht geht es um unsere Erlösung, aber es geht auch und vor allem um die Ehre Gottes. Luzifer hat schwere Anklagen gegen den Schöpfer-Gott erhoben. Die Darstellung des Erlösungsplanes mit dem Kreuz von Golgatha und dem sich anschließenden hohenpriesterlichen Dienst Jesu im himmlischen Heiligtum sowie die liebevolle Fürsorge des Vaters, des Heiligen Geistes und der heiligen Engel, die Tag und Nacht für uns Menschen sorgen, zeigt Gottes Güte und Gnade, aber auch den furchtbaren Irrtum der Sünde mit ihren schrecklichen Folgen. Dies vor Augen habend, stimmen schließlich alle Geschöpfe in den Lobgesang ein: „Und jedes Geschöpf, das im Himmel ist und auf Erden und unter der Erde und auf dem Meer und alles, was darin ist, hörte ich sagen: Dem, der auf dem Thron sitzt, und dem Lamm sei Lob und Ehre und Preis und Gewalt von Ewigkeit zu Ewigkeit!" (Offenbarung 5, Vers 13)

Offenbarung 6

Die sieben Siegel werden geöffnet

Wenn wir in der Offenbarung weitergehen, sollten wir einige Grundsätze des prophetischen Wortes beachten. Ähnlich wie das Buch Daniel ist auch die Offenbarung nicht chronologisch abgefasst, sondern folgt dem wichtigen Grundsatz im prophetischen Wort: Wiederholung und Ausweitung. Im Buch Daniel wird uns der Ablauf der Weltgeschichte von der Zeit Daniels bis zur Errichtung des Gottesreiches viermal dargestellt. Jede Vision ergänzt die vorhergehende und fügt neue Einzelheiten hinzu. Gott beabsichtigt sicher nicht durch sein prophetisches Wort unsere Neugierde zu befriedigen, sondern er will uns Sicherheit geben, dass trotz des Kampfes zwischen Gut und Böse, Gottes Vorsehung am Werke ist und seinen Heilsplan sieghaft zu Ende führen wird. „Aber zur Zeit dieser Könige wird der Gott des Himmels ein Reich aufrichten, das nimmermehr zerstört wird; und sein Reich wird auf kein anderes Volk kommen. Es wird alle diese Königreiche zermalmen und zerstören; aber es selbst wird ewig bleiben." (Daniel 2, Vers 44) Auch in der Offenbarung finden wir, ähnlich wie im Buch Daniel, drei aufeinanderfolgende und sich ergänzende Visionen, und zwar die der sieben Gemeinden, der sieben Siegel und der sieben Posaunen. Jede dieser drei Visionen schildert gleichermaßen den Ablauf der Geschichte bis zur Wiederkunft Jesu mit jeweils unterschiedlichen Schwerpunkten.

Die Darstellung der sieben Gemeinden ist ein geistliches Spiegelbild der Gemeinde Gottes von der Zeit der Urgemeinde bis zur letzten Gemeinde Laodizea. Die Vision der sieben Siegel zeigt den gleichen Ablauf der Geschichte mit den sich verändernden politischen, religiösen und wirtschaftlichen Gegebenheiten, unter denen die Gemeinde Gottes gelebt hat. Die sich anschließende Darstellung der Vision der sieben Posaunen zeigt wiederum den Ablauf unserer Geschichte, aber mehr unter militärischen Aspekten. Alle diese Ereignisse und Veränderungen haben Einfluss auf das Leben von Menschen gehabt. Deshalb lässt sie Gott im Gericht wieder lebendig werden.

Ein weiterer Grundsatz, den Jesus seinen Jüngern in Bezug auf das prophetische Wort gab, lautet: „Und jetzt habe ich's euch gesagt, ehe es geschieht, damit ihr glaubt, wenn es nun geschehen wird." (Johannes 14, Vers 29)

Immer dann, wenn sich ein prophetisches Wort Gottes erfüllt, werden Menschen da sein, die das erkennen und diese Botschaft dann verkündigen. Doch bis dahin bleibt vieles im prophetischen Wort unklar.

Die allgemeine Christenheit hat bis heute die prophetischen Bücher Daniel und Offenbarung kaum verstanden, weil sie den Irrtümern Roms gefolgt ist und die Bedeutung des Heiligtumsdienstes Jesu nicht kennt. Für die meisten Christen beginnt das Leben Jesu in Bethlehem und endet am Kreuz. Was davor oder danach geschieht, bleibt unklar. Die Heilige Schrift offenbart uns Christus aber als die zweite Person der Gottheit als den Schöpfer des Himmels und der Erden, der von Ewigkeit her ist und durch den alles Sichtbare und Unsichtbare geschaffen wurde. Der, als die Zeit Gottes erfüllt war, Mensch wurde und das Wunder unserer Erlösung am Kreuz von Golgatha bewirkt und der seitdem im himmlischen Heiligtum uns vertritt und durch die Gnadengaben seines Wortes und Geistes unser Leben verändern will. Das eigentliche Ziel der Erlösung ist es, uns zu neuen Menschen zu machen und in uns das Bild Gottes wieder aufzurichten.

Das prophetische Wort stellt irdische Dinge aus der Sicht des Himmels dar und lehrt uns, mit den Augen Gottes unser Leben zu betrachten.

Das Öffnen der Siegel

„Und ich sah, dass das Lamm das erste der sieben Siegel auftat, und ich hörte eine der vier Gestalten sagen, wie mit einer Donnerstimme: Komm! Und ich sah, und siehe, ein weißes Pferd. Und der darauf saß, hatte einen Bogen, und ihm wurde eine Krone gegeben, und er zog aus sieghaft und um zu siegen."

Johannes nimmt in der Vision seinen bevorzugten Standort im himmlischen Thronraum ein und sieht vor dem Hintergrund des großen himmlischen Untersuchungsgerichts, wie Christus das erste Siegel öffnet. Unter dem Symbol eines weißen Pferdes, was auszog um zu siegen, wird vor dem himmlischen Auditorium das Panorama unserer menschlichen Geschichte aufgerollt. Es war die wünschenswerte und sieghafte Zeit der Urgemeinde im ersten Jahrhundert, als die Apostel noch lebten und der Heilige Geist nach Pfingsten durch die erste Liebe der Gemeinde ein großartiges Werk der Evangelisation betreiben konnte. Niemand konnte den Sieg des Evangeliums aufhalten.

Paulus berichtet im Römer, dass alle Welt von eurem Glauben spricht (Römer 1, Vers 8) und dass das „Evangelium gepredigt ist allen Geschöpfen unter dem Himmel." (Kolosser 1, Vers 23)

Allein in der Hauptstadt Rom gab es vermutlich eine Gemeinde von etwa fünfzigtausend Gliedern. Man schätzt, dass im römischen Reich die Zahl der Jünger im ersten Jahrhundert bei 5 Millionen lag und das bei einer Weltbevölkerung von nicht mehr als 120 Millionen Menschen (Anderson, Unfolding Revelation, S. 64).

„Und als es das zweite Siegel auftat, hörte ich die zweite Gestalt sagen: Komm! Und es kam heraus ein zweites Pferd, das war feuerrot. Und dem, der darauf saß, wurde Macht gegeben, den Frieden von der Erde zu nehmen, dass sie sich untereinander umbrächten, und ihm wurde ein großes Schwert gegeben." (Verse 3 und 4)

Während der zweiten Periode, dargestellt durch das rote Pferd, sollte der Frieden von der Erde genommen werden. Mit dem Ende des ersten Jahrhunderts bis zum Anfang des vierten Jahrhunderts wüteten die furchtbarsten Verfolgungen gegen die christliche Gemeinde durch das kaiserliche Rom. Wir denken an das Zeugnis Jesu an die Gemeinde Smyrna: „Sei getreu bis an den Tod, so will ich dir die Krone des Lebens geben." (Offenbarung 2, Vers 10)

„Und als es das dritte Siegel auftat, hörte ich die dritte Gestalt sagen: Komm! Und ich sah, und siehe, ein schwarzes Pferd. Und der darauf saß, hatte eine Waage in seiner Hand. Und ich hörte eine Stimme mitten unter den vier Gestalten sagen: Ein Maß Weizen für einen Silbergroschen und drei Maß Gerste für einen Silbergroschen; aber dem Öl und Wein tu keinen Schaden!" (Verse 5 und 6) Schwarz war die Farbe der Unterwerfung, im Gegensatz zu weiß, als der Farbe der Freiheit.

Was auszog, um zu siegen (1. Jhr.) und auch in der Zeit der blutigsten Verfolgung rein und heilig blieb (1. bis 3. Jhr.), verlor nun seine Freiheit im Bündnis mit Rom. Die neue Strategie des Drachen hieß Anfang des vierten Jahrhunders nicht mehr Verfolgung, sondern das Angebot von Ruhm und Ehre an die Gemeinde. Das menschliche Werkzeug für die Umsetzung dieses strategischen Schachzuges wurde der erste christlich-römische Kaiser Konstantin. Er bot der bisher verfolgten Gemeinde an, Staatskirche zu werden. Der Preis dafür war, dass das Heidentum vom Christentum aufgenommen werden sollte. So verschwand zwar das Heidentum, um in der Gemeinde unter christlichem Deckmantel wieder zu erscheinen. Nicht das Christentum besiegte das heidnische Rom, sondern Rom besiegte das Christentum. Statt des schlichten biblischen Glaubens entstand eine menschengemachte christliche Religion aus Bildern, Zeremonien und guten Werken, gewürzt mit Märchen von heiliger Erde aus Jerusalem, Grabtüchern oder Kleidungsstücken Jesu, Holzsplitter vom Kreuz und ähnlichen Wundermitteln, die zu horrenden Preisen überall in Europa verkauft wurden. Diese Religion erinnerte stark an die Gottesdienste der Heiden mit ihren vielen religiösen Übungen, um ihre heidnischen Götter zu besänftigen. Die Schlichtheit des Lebens Jesu und seiner Jünger wurde ersetzt durch den Pomp und die Sinne betörende Extravaganz der Päpste, Prälaten und Priester, so wie es die Heiden von ihren Kaisern und Königen gewohnt waren und wohl auch liebten.

Die Darstellung, dass ein Maß Weizen und drei Maß Gerste ein Silberstück kosteten und Öl und Wein gar nicht angetastet wurde, sollte die geistliche Dürre jener Zeit darstellen. Der Lohn für eine 12-stündige Tagesarbeit war damals 1 Pfennig (1 Silberstück). Die normale Ration für einen Sklaven war ein Maß Weizen pro Tag, d.h. der Lohn einer Tagesarbeit reichte gerade aus, um allein den Arbeiter zu ernähren, ohne etwas für seine Familie übrig zu haben oder die sonstigen Dinge des Lebens zu bezahlen.

„Und als es das vierte Siegel auftat, hörte ich die Stimme der vierten Gestalt sagen: Komm! Und ich sah, und siehe, ein fahles Pferd. Und der darauf saß, dessen Name war: Der Tod, und die Hölle folgte ihm nach. Und ihnen wurde Macht gegeben über den vierten Teil der Erde, zu töten mit Schwert und Hunger und Pest und durch die wilden Tiere auf Erden." (Verse 7 und 8)

Eine Pflanze ohne Licht verliert ihre Farbe und wird fahl.

Die Zeit des fahlen Pferdes ist die der mittelalterlichen Kirche der Thyatira-Zeit, getrennt von der Quelle des Lebens, dem lebendigen Wort Gottes. Was die Kirche in diesen schrecklichen Jahrhunderten des Mittelalters durch die Inquisition an Grausamkeiten beging, ist zu abscheulich, um auch nur erwähnt zu werden. Doch im himmlischen Gericht werden diese Dinge unter dem Symbol des vierten Siegels dargestellt. Eine große Zahl von Gläubigen starb den Märtyrertod in den Kerkern der Inquisition durch Priester und Prälaten, nachdem sie zuvor lange gequält wurden, so dass ihnen der Tod wie eine Erlösung vorkam. Der Höhepunkt der Machtentfaltung der Päpste war für die Menschheit die dunkelste Stunde. Aber Gott hat einen Bericht vom Leben und Leiden jedes Gläubigen durch die Engel Gottes in den Büchern des Himmels aufschreiben lassen. All das wird nun vor dem beiwohnenden Weltall im Untersuchungsgericht offenbar und dient als Umfeld für die Beurteilung des Lebens jedes einzelnen Gläubigen.

„Und als es das fünfte Siegel auftat, sah ich unten am Altar die Seelen derer, die umgebracht worden waren um des Wortes Gottes und um ihres Zeugnisses willen. Und sie schrien mit lauter Stimme: Herr, du Heiliger und Wahrhaftiger, wie lange richtest du nicht und rächst nicht unser Blut an denen, die auf der Erde wohnen? Und ihnen wurde gegeben einem jeglichen ein weißes Gewand, und ihnen wurde gesagt, dass sie ruhen müssten noch eine kleine Zeit, bis vollzählig dazukämen ihre Mitknechte und Brüder, die auch noch getötet werden sollten wie sie." (Verse 9 bis 11)

Johannes sieht in der Vision, wie die Panoramabühne unserer Weltgeschichte sich weiter dreht. Die Darstellung der nach Rache schreienden Märtyrer ist symbolisch zu verstehen, denn alle verstorbenen Gläubigen ruhen in ihren Gräbern bis zum Tage der Auferstehung. Doch ihr Blut schreit zum Himmel, wie das Blut Abels (1. Mose 4, Vers 10). Gott gedenkt ihrer Treue, aber auch der Ungerechtigkeit und Grausamkeit derer, die das Leben dieser Edelsten, Aufrichtigsten und Treusten ihrer Zeit auf dem Gewissen haben.

„Und ich sah: Als es das sechste Siegel auftat, da geschah ein großes Erdbeben, und die Sonne wurde finster wie ein schwarzer Sack, und der ganze Mond wurde wie Blut, und die Sterne des Himmels fielen auf die Erde, wie ein Feigenbaum seine Feigen abwirft, wenn er von starkem Wind bewegt wird. Und der Himmel wich wie eine Schriftrolle, die zusammengerollt wird, und alle Berge und Inseln wurden wegbewegt von ihrem Ort. Und die Könige auf Erden und die Großen und die Obersten und die Reichen und die Gewaltigen und alle Sklaven und alle Freien verbargen sich in den Klüften und Felsen der Berge und sprachen zu den Bergen und Felsen: Fallt über uns und verbergt uns vor dem Angesicht dessen, der auf dem Thron sitzt, und vor dem Zorn des Lammes! Denn es ist gekommen der große Tag ihres Zorns und wer kann bestehen?" (Verse 12 bis 17)

Unter dem sechsten Siegel werden erstaunliche Dinge dargestellt. Zeichen des Endes und das Ende selbst, die Wiederkunft unseres Herrn Jesus Christus in Herrlichkeit.

Das große Erdbeben zu Beginn der Endzeit finden wir bestätigt in dem Erdbeben von Lissabon vom 1. November 1755, das als das schwerste aller Erdbeben gilt, das bis dahin unsere Erde erschüttert hat. Große Teile Europas, Teile Nordafrikas und Amerikas wurden erschüttert. Das Erdbeben von Lissabon sollte ein Zeichen für die nahe Wiederkunft unseres Herrn sein.

Ein paar Jahre später ereignete sich ein weiteres Zeichen. Der 19. Mai 1780 ist in die Geschichte als der schwarze Tag eingegangen, als ohne eine sichtbare Sonnenfinsternis die Dunkelheit bereits um neun Uhr vormittags so groß war, dass man nicht die Hand vor Augen sehen konnte. Die Vögel begannen ihr Abendlied zu singen und die Natur schickte sich für die Nacht an, obwohl es noch morgens war. In der darauffolgenden Nacht erschien der Mond am Himmel rot wie Blut.

In der Nacht vom 12. zum 13. November 1833 ereignete sich das dritte der angekündigten Zeichen mit dem Sternenfall in einem bisher noch nie gekannten Ausmaß. In jener Nacht fielen mehrere hunderttausend Sterne über Stunden durch das All.

Die Londoner Times vom 15. November 1833 schreibt über dieses phänomenale Ereignis, dass es schien, als ob ein mächtiger Wind die alten Sterne aus ihren Halterungen riss und sie über das Firmament fegte.

Es könnte sein, dass Gott diese Zeichen – als Zeichen des nahe bevorstehenden Endes – wiederholt. Vielleicht war das gewaltige Seebeben in Südostasien an Weihnachten 2004 – vermutlich das größte seit Menschengedenken – bereits eine solche Wiederholung. Sollten sich möglicherweise auch in naher Zukunft noch die Zeichen an Sonne, Mond und Sternen wiederholen, dann müssen wir davon ausgehen, dass das Ende sehr nahe ist und uns nicht mehr viel Zeit bleibt.

„Wenn aber dieses anfängt zu geschehen, dann seht auf und erhebt eure Häupter, weil sich eure Erlösung naht." (Lukas 21, Vers 28)

Im folgenden Vers 14 wird uns bereits die Wiederkunft Jesu dargestellt. D. h. wir leben heute in der Zeit zwischen dem Vers 13 und dem Vers 14, also unmittelbar vor dem Wiederkommen Jesu.

„Und der Himmel wich wie eine Schriftrolle, die zusammengerollt wird, und alle Berge und Inseln wurden bewegt von ihrem Ort." (Vers 14)

Beim zweiten Kommen unseres Herrn wird die uns schützende Atmosphäre hinweggenommen. Das Leben auf unserer Erde wird dadurch den tödlichen Strahlen des Weltalls ausgesetzt sein.

Petrus schreibt über diesen Tag: „Es wird aber des Herrn Tag kommen wie ein Dieb; dann werden die Himmel zergehen mit großem Krachen; die Elemente aber werden vor Hitze schmelzen, und die Erde und die Werke, die darauf sind, werden ihr Urteil finden." (2. Petrus 3, Vers 10)

Bei der Sintflut waren es die Wasserfluten, die unsere Erde zerstörten. Am Ende der Zeit wird es das Feuer sein. Petrus spricht von einem Feuer, was die Elemente schmelzen lässt.

In ihrer schrecklichen Verzweiflung werfen die Menschen alle Reichtümer, die sie sich erworben haben, weg und rufen aus: „Und sprachen zu den Bergen und Felsen: Fallt über uns und verbergt uns vor dem Angesicht dessen, der auf dem Thron sitzt und vor dem Zorn des Lammes! Denn es ist gekommen der große Tag ihres Zorns und wer kann bestehen?" (Verse 16 und 17)

Menschen werden dann, wenn Gottes Gnadenzeit zu Ende ist, zum ersten Mal einem Gott begegnen, der ihnen fremd ist. „Aber fremd ist sein Werk, und dass er seine Tat tue, aber seltsam ist seine Tat!" (Jesaja 28, Vers 21) Nie zuvor trafen Menschen die Gerichte Gottes ohne Gnade. Selbst bei der Sintflut gab es noch eine Arche, in die Menschen fliehen konnten. Bei der Wiederkunft Jesu gibt es diese Arche nicht mehr.

Offenbarung 7

Die Versiegelung
der Hundertvierundvierzigtausend

Das Kapitel 7 mit der Überschrift „Die Versiegelten" gehört chronologisch in die Zeit zwischen Vers 13 (Zeichen des Endes) und Vers 14 (Wiederkunft Jesu) aus dem Kapitel 6 und beantwortet die Frage. „Wer kann an dem großen Tag des Zornes Gottes bestehen?" In panischem Schrecken müssen die Menschen bei Jesu Kommen erkennen, dass man sie getäuscht hat. Sie werfen ihre Schätze fort und fliehen vor dem Angesicht dessen, der auf dem Thron sitzt, vor Jesus Christus, dessen Evangelium sie immer wieder abgelehnt haben. Nun verbergen sie sich in den Klüften und Felsen der Berge und sprechen: „Denn es ist gekommen der große Tag seines Zorns, und wer kann bestehen?" (Verse 16 und 17)

Die Antwort auf diese Frage gibt uns das Kapitel 7.

„Danach sah ich vier Engel stehen an den vier Ecken der Erde, die hielten die vier Winde der Erde fest, damit kein Wind über die Erde blase noch über das Meer noch über irgendeinen Baum. Und ich sah einen andern Engel aufsteigen vom Aufgang der Sonne, der hatte das Siegel des lebendigen Gottes und rief mit großer Stimme zu den vier Engeln, denen Macht gegeben war, der Erde und dem Meer Schaden zu tun: Tut der Erde und dem Meer und den Bäumen keinen Schaden, bis wir versiegeln die Knechte unseres Gottes an ihren Stirnen." (Verse 1 bis 3)

Die Bibel benutzt bei mehreren Gelegenheiten den Begriff des Siegels. „Aber der feste Grund Gottes besteht und hat dieses Siegel: Der Herr kennt die Seinen." (2. Timotheus 2, Vers 19) Das Grab Jesu wurde versiegelt. Auch die Löwengrube, in der sich Daniel befand, wurde vom König Darius versiegelt. Wenn etwas versiegelt war, dann stand es unter dem besonderen Schutz dessen, der es versiegelt hat. Ein Siegel konnte nicht ohne Billigung dessen gebrochen werden, von dem es stammt, es sei denn von einer Macht, die eine höhere Autorität besitzt. Insofern trägt jedes Siegel immer den Namen, das Amt und das Territorium, über das der Siegelinhaber herrscht. Zum Beispiel George W. Bush, Präsident der USA.

In Kapitel 7 werden wir mit der Tatsache vertraut gemacht, dass Gott trotz aller antigöttlichen Kräfte unsere Erde durch seine Engel unter seinen besonderen Schutz gestellt hat. Das heißt, dass der Teufel mit seinem Heer von Dämonen seine Machenschaften des Bösen über eine bestimmte Grenze nicht ausdehnen darf. Mit anderen Worten, Gott beschränkt die Macht des Bösen solange, bis sein Rettungswerk auf Erden zum Abschluss kommt und er seine „Brautgemeinde" versiegelt hat.

Das Siegel Gottes, das seine Gemeinde der Übrigen kurz vor der Wiederkunft Christi empfängt, hat im Ablauf des Heilsplan eine besondere Bedeutung.

Die Bibel bestätigt uns, dass jeder durch den Glauben an Jesus Christus wiedergeborene Mensch mit dem Heiligen Geist versiegelt wird. „Gott ist's aber, der uns fest macht samt euch in Christus und uns gesalbt und versiegelt und in unsre Herzen als Unterpfand den Geist gegeben hat." (2. Korinther 1, Verse 21.22) Das bedeutet, jeder Gläubige empfängt mit seiner Taufe den Heiligen Geist als Unterpfand seiner Zugehörigkeit zu Christus.

Doch scheint dies einen vorläufigen und noch keinen endgültigen Charakter zu haben. Einmal können wir – solange wir leben – Christus wieder aufgeben und damit unsere Erlösung verlieren, zum anderen ist solange, bis das Reich Gottes kommt, unsere Erlösung noch nicht endgültig.

Am Ende des bewegten Lebens als Gottesmann schreibt Paulus im Philipper, Kapitel 3, Verse 12 bis 14: „Nicht, dass ich's schon ergriffen habe oder schon vollkommen sei; ich jage ihm aber nach, ob ich's wohl ergreifen könnte, weil ich von Christus Jesus ergriffen bin. Meine Brüder, ich schätze mich selbst noch nicht so ein, dass ich's ergriffen habe. Eins aber sage ich: Ich vergesse, was dahinten ist, und strecke mich aus nach dem, was da vorne ist, und jage nach dem vorgesteckten Ziel, dem Siegespreis der himmlischen Berufung Gottes in Christus Jesus."

Auch Johannes drückt mit anderen Worten das gleiche aus: „Meine Lieben, wir sind schon Gottes Kinder; es ist aber noch nicht offenbar geworden, was wir sein werden. Wir wissen aber, wenn es offenbar wird, werden wir ihm gleich sein; denn wir werden ihn sehen, wie er ist." (1. Johannes 3, Vers 2)

Hier nun in Kapitel 7 empfangen Menschen das Siegel des lebendigen Gottes an ihren Stirnen. Dieses Siegel hat offensichtlich etwas endgültiges, was nicht mehr gebrochen werden kann und was den, der es empfängt, unter den vollkommenen Schutz Gottes stellt. Bevor Menschen in dieser Weise von Gott versiegelt werden, muss das seit 1844 im himmlischen Allerheiligsten stattfindende Untersuchungsgericht abgeschlossen sein, denn erst dann wird neben dem Namen jedes Gläubigen das endgültige Wort Jesu stehen „Heilig dem Herrn". Christus beendet seinen Mittlerdienst am Ende des Untersuchungsgerichts mit den schicksalsschweren Worten aus Offenbarung 22, Vers 11: „Wer Böses tut, der tue weiterhin Böses, und wer unrein ist, der sei weiterhin unrein; aber wer gerecht ist, der übe weiterhin Gerechtigkeit, und wer heilig ist, der sei weiterhin heilig."

Am Ende des himmlischen Untersuchungsgerichts empfangen die auf Erden lebenden Gläubigen das göttliche Siegel. Es macht sie unantastbar für das Böse. Wir brauchen diesen besonderen Schutz, denn die Tür zum Thron der Gnade wird dann geschlossen. Christus hört auf, Mittler zwischen seinem Vater und uns Menschen zu sein. Das Kreuz und die Gnadengaben der Erlösung stehen uns hinfort nicht mehr zur Verfügung.

71

Der Schutz Gottes, dargestellt durch die vier Engel um unseren Erdball, wird auf Gottes Geheiß nach der Versiegelung zurückgezogen. Der Geist Gottes greift nicht mehr dämpfend, schützend und bewahrend ein. Der Teufel hat nun zum ersten Mal eine uneingeschränkte Macht über alle, die das Siegel des lebendigen Gottes nicht tragen. Er wird diese Macht gebrauchen. Was wir dann auf dieser Erde erleben werden, ist für uns heute kaum vorstellbar.

Gottes Volk der Übrigen ist zu dieser Zeit noch auf der Erde, aber es steht unter dem unantastbaren Schutz des Allmächtigen. Gottes Kinder werden in dieser Zeit besonderen Trost finden in den prophetischen Worten des 91. Psalms: „Wer unter dem Schirm des Höchsten sitzt und unter dem Schatten des Allmächtigen bleibt, der spricht zu dem Herrn: Meine Zuversicht und meine Burg, mein Gott, auf den ich hoffe. Wenn auch tausend fallen zu deiner Seite und zehntausend zu deiner Rechten, so wird es doch dich nicht treffen. Es wird dir kein Übel begegnen, und keine Plage wird sich deinem Hause nahen." Wir müssen miterleben wie alle Ordnung zerfällt und unsere Erde ins Chaos stürzt. Wir werden den Hass des Bösen zu spüren bekommen und müssen die Schlacht von Harmagedon als den letzten Angriff der vereinigten Kräfte des Bösen gegen die Gemeinde erleben.

„Und ich sah aus dem Rachen des Drachen und aus dem Rachen des Tieres und aus dem Munde des falschen Propheten drei unreine Geister kommen, gleich Fröschen; es sind Geister von Teufeln, die tun Zeichen und gehen aus zu den Königen der ganzen Welt, sie zu versammeln zum Kampf am großen Tag Gottes, des Allmächtigen. Und er versammelte sie an einen Ort, der heißt auf hebräisch: Harmagedon." (Offenbarung 16, Verse 13, 14 und 16)

Es ist sicher wertvoll, weiter über das Siegel Gottes nachzudenken, zumal es in der letzten großen Auseinandersetzung zwischen Gut und Böse eine besondere Bedeutung bekommen wird. Nicht nur Gott wird sein Volk der Endzeit versiegeln, auch der Feind wird der letzten Generation der Menschheit sein Zeichen aufprägen. In der dritten Engelsbotschaft warnt Gott die Menschen davor, das Zeichen oder Malzeichen des Tieres anzunehmen.

Wir hatten gelesen: „Aber der feste Grund Gottes besteht und hat dieses Siegel: Der Herr kennt die Seinen." (2. Timotheus 2, Vers 19)

Der feste Grund „Gottes" ist die Erkenntnis, die Petrus einmal unter der Leitung des Heiligen Geistes stellvertretend für die Jünger zum Ausdruck brachte: „Du bist Christus, des lebendigen Gottes Sohn! Und ich sage dir auch: Du bist Petrus, und auf diesen Felsen (auf den Felsen dieser Erkenntnis) will ich meine Gemeinde bauen, und die Pforten der Hölle sollen sie nicht überwältigen." (Matthäus 16, Verse 16.18)

„Das ist aber das ewige Leben, dass sie dich, der du allein wahrer Gott bist, und den du gesandt hast, Jesus Christus, erkennen." (Johannes 17, Vers 3)

In Offenbarung 14, Vers 1, sieht Johannes die Schar der Hundertvierundvierzigtausend mit dem Namen Gottes auf ihren Stirnen. In der Bibel steht der Name als Ausdruck des Wesens. Das heißt, die Hundertvierundvierzigtausend tragen in sich das Bild Gottes, so wie es am Anfang bei der Schöpfung einmal war: „Lasset uns Menschen machen, ein Bild, das uns gleich sei ..." (1. Mose 1, Vers 26)

„Denn das ist der Bund, den ich schließen will mit dem Haus Israel nach diesen Tagen, spricht der Herr: Ich will mein Gesetz geben in ihren Sinn, und in ihr Herz will ich es schreiben und will ihr Gott sein, und sie sollen mein Volk sein." (Hebräer 8, Vers 10)

Die das Siegel des lebendigen Gottes an ihren Stirnen tragen, folgen nicht mehr dem Gesetz der Sünde (Römer 7), sondern dem Gesetz Gottes.

Wenn wir uns die zehn Gebote im 2. Mose 20, Verse 1 bis 17, näher ansehen, dann enthalten zwar fünf Gebote den Namen Gottes, aber nur ein Gebot trägt einen Siegelcharakter und identifiziert Gott als den Schöpfer Himmels und der Erden. Gemeint ist das Sabbat-Gebot.

„Sage den Israeliten: Haltet meinen Sabbat; denn er ist ein Zeichen (Siegel) zwischen mir und euch von Geschlecht zu Geschlecht, damit ihr erkennt, dass ich der Herr bin, der euch heiligt. Er ist ein ewiges Zeichen (Siegel) zwischen mir und den Israeliten. Denn in sechs Tagen machte der Herr Himmel und Erde, aber am siebenten Tag ruhte er und erquickte sich." (2. Mose 31, Verse 13 und 17)

Die Zahl der Hundertvierundvierzigtausend mit jeweils zwölftausend aus den zwölf Stämmen Israels, wie sie in Offenbarung 7, Verse 4-8, dargestellt wird, ist vermutlich symbolisch zu verstehen. Die Zahl Zwölf ist die Symbolzahl der Gemeinde. Im Alten Testament gab es zwölf Stämme Israels, im Neuen Testament sind es die zwölf Apostel. Auch das neue Jerusalem, die Stadt Gottes, wird auf zwölf Grundfesten ruhen und wird zwölf Tore haben. Zwölf mal zwölf plus drei Nullen ergibt die Zahl hundertvierundvierzigtausend. Ein Sinnbild für die letzte Gemeinde der Übrigen, die angetan mit dem Siegel Gottes, den Herrn Jesus Christus, ohne zu sterben wiederkommen sehen wird.

„Danach sah ich, und siehe, eine große Schar, die niemand zählen konnte, aus allen Nationen und Stämmen und Völkern und Sprachen; die standen vor dem Thron und vor dem Lamm, angetan mit weißen Kleidern und mit Palmzweigen in ihren Händen." (Vers 9) Das ist offensichtlich die große Schar aller Erlösten. Die Zahl der Hundertvierundvierzigtausend als die letzte Gemeinde der Übrigen ist ein besonderer Teil innerhalb der Schar aller Erlösten.

„Diese sind's, die gekommen sind aus der großen Trübsal und haben ihre Kleider gewaschen und haben ihre Kleider hell gemacht im Blut des Lammes. Sie werden nicht mehr hungern noch dürsten; es wird auch nicht auf ihnen lasten die Sonne oder irgendeine Hitze." (Verse 14 und 16)

Der Hinweis auf die große Trübsal und die besondere Hitze

lassen uns an die Zeit der Angst in Jakob denken und an die Zeit der sieben letzten Plagen Gottes. Wenn das Volk Gottes von den Plagen auch verschont bleiben wird, so wird es die Auswirkungen der letzten Katastrophen auf dieser Erde doch miterleben müssen.

Sie werden das Lied des Glaubens und das Lied der Erfahrung singen: „Gott ist unsere Zuversicht und Stärke, eine Hilfe in den großen Nöten, die uns getroffen haben. Darum fürchten wir uns nicht, wenngleich die Welt unterginge und die Berge mitten ins Meer sänken. Gott ist bei ihr drinnen, darum wird sie fest bleiben; Gott hilft ihr früh am Morgen. Die Heiden müssen verzagen und die Königreiche fallen, das Erdreich muss vergehen, wenn er sich hören lässt. Der Herr Zebaoth ist mit uns, der Gott Jakobs ist unser Schutz. Kommt her und schauet die Werke des Herrn, der auf Erden solch ein Zerstören anrichtet. Seid stille und erkennet, dass ich Gott bin!" (Psalm 46, Verse 2.3.6.7.8. 9.11)

Es werden also Menschen da sein, die „bestehen" können. „Hier ist Geduld der Heiligen! Hier sind, die da halten die Gebote Gottes und den Glauben an Jesus!" (Offenbarung 14, Vers 12)

Offenbarung 8

Die Vision der ersten vier Posaunen

„Und als das Lamm das siebente Siegel auftat, entstand eine Stille im Himmel etwa eine halbe Stunde lang. Und ich sah die sieben Engel, die vor Gott stehen, und ihnen wurden sieben Posaunen gegeben. Und ein anderer Engel kam und trat an den Altar und hatte ein goldenes Räuchergefäß; und ihm wurde viel Räucherwerk gegeben, daß er es darbringe mit den Gebeten aller Heiligen auf dem goldenen Altar vor dem Thron. Und der Rauch des Räucherwerks stieg mit den Gebeten der Heiligen von der Hand des Engels hinauf vor Gott. Und der Engel nahm das Räuchergefäß und füllte es mit Feuer vom Altar und schüttete es auf die Erde. Und da geschahen Donner und Stimmen und Blitze und Erdbeben." (Verse 1 bis 5)

Die eben gelesenen Verse gehören offensichtlich noch zu den vorangehenden Kapiteln. Wir wissen, dass die Vers- und Kapiteleinteilung nicht wie das Wort selbst göttlich inspiriert wurde, sondern später hinzukam und dem Zweck diente, die einzelnen Stellen der Bibel besser zu finden.

Johannes befindet sich noch in der Vision, die mit Kapitel 4 begann. Als das Lamm das siebente Siegel öffnet, erlebt Johannes eine seltsame Stille im Himmel. Die prophetische Zeitangabe von einer halben Stunde entspricht etwa der Zeit von einer Woche.

„Wenn aber der Menschensohn Sohn kommen wird in seiner Herrlichkeit und alle Engel mit ihm, dann wird er sitzen auf dem Thron seiner Herrlichkeit." (Matthäus 25, Vers 31) Wenn Christus zum zweiten Mal auf diese Erde zurückkommt, dann wird er von allen Engeln begleitet werden. Die Folge davon ist, dass die himmlischen Höfe für diese Zeit still und leer sind (ABC, Band 7, S. 787).

Der Engel mit dem goldenen Räuchergefäß, der viel Räucherwerk verbrennt zum Gebet der Heiligen auf dem goldenen Altar vor dem Thron, erinnert an den besonderen Gottesdienst zum großen Versöhnungstag, wenn der Hohepriester mit viel Räucherwerk ins Allerheiligste ging. Solange wie er sich dort befand, konnte jeder in Israel sein Leben unter die Gnade Gottes stellen und völlige Vergebung erlangen. Diese Zeit endete, wenn der Hohepriester den Tempel verließ. (Anderson, Unfolding Revelation, S. 85.86)

Wir leben heute in der Zeit, wo unser himmlischer Hohepriester Jesus Christus im großen Untersuchungsgericht den Abschlussdienst unserer Erlösung bewirkt. Niemals zuvor hat das bekannte Wort „heute so du seine Stimme hörst, verstocke dein Herz nicht" eine größere Dringlichkeit für uns Menschen gehabt wie jetzt.

Wenn Christus seinen himmlischen Vermittlerdienst beendet, endet die Gnadenzeit, und die Tür wird verschlossen. Dies muss der Sinn des Verses 5 sein: „Und der Engel nahm das Räuchergefäß und füllte es mit Feuer vom Altar und schüttete es auf die Erde." (ABC, Band 7, S. 787)

„Welcher will, dass allen Menschen geholfen werde und sie zur Erkenntnis der Wahrheit kommen." (1. Timotheus 2, Vers 4) Gott will, dass alle Menschen gerettet werden und das Kreuz von Golgatha reicht dafür völlig aus. Aber Gott hat auch eine Grenze gesetzt, und wir nähern uns dieser Grenze mit großen Schritten.

Würde Gott das Böse nicht einmal vernichten, wäre es in der Lage, die gesamte Schöpfung Gottes zu zerstören. Mögen wir die ausgestreckte Hand eines liebenden Schöpfers persönlich erkennen und sie zu unserer Errettung ergreifen.

Wir kommen nun zu der großen Weissagung der sieben Posaunen. In dieser Vision wird der Ablauf der Weltgeschichte besonders unter politisch-militärischen Gesichtspunkten dargestellt. Zum besseren Verständnis erleben wir die Darstellung wiederum vor dem Hintergrund des großen himmlischen Gerichts. So wird vor dem himmlischen Tribunal nicht nur der Name eines Gläubigen aufgerufen, sondern Gott lässt auch wie auf einer Filmleinwand die Lebensumstände jeder geschichtlichen Epoche lebendig werden. Bitte denken wir an das Pauluswort: „Wir sind ein Schauspiel geworden den Welten und den Engeln ..."

Die Weltzeit der Sünde geht zu Ende. Es geht nicht nur um unsere Erlösung und Errettung, sondern auch um die Rechtfertigung Gottes im Leben jedes einzelnen Gläubigen. Da nun im himmlischen Gericht endgültig entschieden wird, wer in die himmlische Familie aufgenommen werden soll, wird vor dem himmlischen Tribunal in beeindruckender Weise deutlich gemacht, dass es allein Gottes Gnade, Gottes Langmut und Gottes Barmherzigkeit waren, die uns auf den richtigen Weg brachten und uns auf diesem Weg bis zum Ende festhielten und nicht unsere Leistung. Ihm allein gebührt die Ehre.

Gott ist kein Gewaltherrscher, wie der Teufel ihn gerne darstellt, sondern ein liebender Vater, der wie im Gleichnis vom verlorenen Sohn von dem Tag an, als dieser das Vaterhaus verließ, nach seinem Sohn Ausschau hielt und erst wieder froh und glücklich war, als er ihn zurück hatte. Die Zeit auf der Uhr Gottes ist weit vorgeschritten. Es ist sogar schon später als fünf Minuten vor Zwölf.

Die Weissagung der sieben Posaunen endet mit Offenbarung 11, Vers 15. „Und der siebente Engel blies seine Posaune; und es erhoben sich große Stimmen im Himmel, die sprachen: Es sind die Reiche der Welt unseres Herrn und seines Christus geworden, und er wird regieren von Ewigkeit zu Ewigkeit."

Es gibt keinen Zweifel. Was heute noch aussteht, ist allein die Errichtung des Reiches Gottes. Auch alle Weissagungen Daniels enden stets mit der Errichtung des Reiches Christi.

Mit der Vision der sieben Posaunen haben wir die dritte Wiederholung des Ablaufs unserer Weltgeschichte, jeweils beginnend mit der Zeit als Johannes lebte bis zur Wiederkunft Christi. Sicher hilft uns die Wiederholung der Ereignisse zu einem tieferen Verständnis. Das gleiche gilt aber auch für die himmlischen Bewohner, denen diese Darstellung gleichfalls als „Schauspiel" dient, um den großen Ablauf der Weltzeit der Sünde zu verstehen und das Geheimnis des Bösen zu begreifen, was letztlich nie zum Glück, sondern immer nur zur Zerstörung des Lebens und der Schöpfung führt.

Gott hat versprochen, dass es nicht ein „zweites Mal geschehen wird". Das Schauspiel der Sünde aufgezeichnet in den Büchern des Himmels und im Lied der Erfahrung, was wir einmal singen werden, bieten eine Garantie dafür, dass nicht irgendwann in der Ewigkeit wieder einmal jemand auf den Gedanken kommt, zu meinen, der Schöpfer würde uns irgendein Glück vorenthalten. Wir wissen dann, dass dieses „Glück" nichts anderes als Täuschung und Betrug ist und es sich nicht lohnt, diesen Weg zu gehen.

„Und die sieben Engel mit den sieben Posaunen hatten sich gerüstet zu blasen." (Vers 6)

Als Johannes diese Vision niederschrieb, herrschte Rom noch uneingeschränkt. Daniel hatte bereits angekündigt, dass auf das vierte Weltreich Rom ein zerteiltes Reich folgen würde und dass dieser Zustand so bleiben würde bis zum Kommen des Reiches Gottes.

Unter der Symbolik der sieben Posaunen wird besonders aus militärischer Sicht der Zusammenbruch des römischen Reiches dargestellt bzw. auch seine Fortsetzung als ein zerteiltes Reich. Das Blasen von Posaunen kündigte in früheren Jahrhunderten Kriege oder allgemeine Katastrophen an. In diesem Sinne benutzt auch Gottes Wort diese Symbolik.

„Und der erste blies seine Posaune; und es kam Hagel und Feuer, mit Blut vermengt, und fiel auf die Erde; und der dritte Teil der Erde verbrannte, und der dritte Teil der Bäume verbrannte und alles grüne Gras verbrannte." (Vers 7)

Dieses Bild eines Hagelsturms, was Feuer und Blut mit sich brachte, stellt den ersten Schlag dar, den das römische Reich durch die Westgoten unter ihrem Führer Alarich bekam. Alarich, ein ehemaliger Hauptmann Roms erkannte die zunehmende Schwäche des römischen Reiches und sammelte die germanischen Stämme aus dem Norden. Sie überquerten die Alpen und stürzten sich wie ein Hagelsturm im Jahre 410 auf Rom. Für sechs Tage plünderten sie die Stadt und ihre Paläste und ließen sich dann in Süditalien nieder, wo Alarich starb. Er wurde mit einem Großteil seiner Schätze in einem Flußbett begraben. Die Sklaven, die das Begräbnis durchführten, wurden anschließend getötet. So blieb die Stätte, wo Alarich beerdigt wurde, bis heute ein Geheimnis. Im Anschluß daran verwüsteten die Westgoten große Teile Frankreichs und ließen sich in Spanien nieder.

Der mehrmalige Hinweis auf „den dritten Teil", den die Bibel uns im Zusammenhang mit dieser ersten Posaune gibt, heißt soviel wie ein großer Teil der Erde oder der Vegetation wurden vernichtet (ABC, Band 7, S. 788).

„Und der zweite Engel blies seine Posaune; und es stürzte etwas wie ein großer Berg mit Feuer brennend ins Meer, und der dritte Teil des Meeres wurde zu Blut, und der dritte Teil der lebendigen Geschöpfe im Meer starb, und der dritte Teil der Schiffe wurde vernichtet." (Verse 8 und 9)

Den zweiten Schlag empfing Rom durch die Vandalen unter ihrem Heerführer Geiserich. Die Vandalen kamen ursprünglich aus Zentralasien, verwüsteten halb Europa und besiedelten von Südfrankreich und Spanien aus Nordafrika, wo sie das Königreich der Karthager gründeten. Im Jahre 455 segelte ihre Flotte bis in die Mündung des Tibers. Sie plünderten Rom und nahmen Tausende seiner Bürger als Gefangene, einschließlich der Kaiserin und ihrer beiden Töchter. „Vandalismus" beschreibt bis heute das, was die Vandalen taten. Rom stellte sich mit seiner gewaltigen Flotte von 1300 Schiffen dem Angreifer. Geiserich griff zu einer List, führte einige seiner Schiffe beladen mit Holz und anderem brennbaren Material unter dem Schutz der Nacht in die Nähe der Römischen Flotte und entzündete sie. Das Feuer erfasste schnell auch die römischen Schiffe und vernichtete in jener Nacht nahezu die gesamte römische Flotte. Johannes sah in der Vision dieses Schauspiel, als ob ein großer Berg mit Feuer ins Meer stürzte. So mag es tatsächlich ausgesehen haben, als über tausend Schiffe auf dem Meer verbrannten.

„Und der dritte Engel blies seine Posaune; und es fiel ein großer Stern vom Himmel, der brannte wie eine Fackel und fiel auf den dritten Teil der Wasserströme und über die Wasserquellen. Und der Name des Sterns heißt Wermut. Und der dritte Teil der Wasser wurde zu Wermut, und viele Menschen starben von den Wassern, weil sie bitter geworden waren." (Verse 10 und 11)

Die Beschreibung der dritten Posaune fand ihre Erfüllung in den Verwüstungen großer Teile des römischen Reiches durch die Hunnen, die auch von Zentralasien kommend, große Teile Europas verwüsteten. Ihr König war Attila, ein wilder Barbar, der seine Krieger veranlasste, ihre Gesichter durch Narben zu entstellen, um allgemeinen Schrecken zu verbreiten. Jeder Krieger hatte sein Pferd, auf dem er ritt und zusätzlich drei weitere Pferde im Schlepptau, so dass sie große Entfernungen ohne weitere Unterbrechungen zurücklegen konnten. Im Laufe des 5. Jhr. n. Chr. taumelte nach diesen drei germanischen Schlägen das Römische Reich.

„Und der vierte Engel blies seine Posaune und es wurde geschlagen der dritte Teil der Sonne und der dritte Teil des Mondes und der dritte Teil der Sterne, sodass ihr dritter Teil verfinstert wurde und den dritten Teil des Tages das Licht nicht schien und in der Nacht desgleichen." (Vers 12)

Als der vierte Engel posaunte, wurden Sonne, Mond und Sterne geschlagen. Gemeint sind in der biblischen Symbolsprache der Prophetie die großen drei Lichter Roms. Der Kaiser, die

81

Senatoren und die Konsulen. Im Jahre 476 zwang Oduaka, der Nachfolger Attilas, den letzten römischen Kaiser Romulus Augustulus abzudanken. Damit ging die Sonne unter. Mond und Sterne, d.h. die Senatoren und die Konsulen flackerten noch eine kleine Zeit, bis auch ihr Lebenslicht verlöschte. Das weströmische Reich war damit gegen Ende des 5. Jhr. unter dem Ansturm germanischer Stämme zusammengebrochen. Genauso wie es Jahrhunderte zuvor Daniel und nun auch Johannes in der Offenbarung im Auftrage Gottes geweissagt hatten.

„Und ich sah, und ich hörte, wie ein Adler mitten durch den Himmel flog und sagte mit großer Stimme: Weh, weh, weh denen, die auf Erden wohnen, wegen der anderen Posaunen der drei Engel, die noch blasen sollen!" (Vers 13)

Mit diesen Worten wird unsere Aufmerksamkeit auf die noch ausstehenden drei Posaunen gelenkt, die mit der dreifachen Wiederholung „Weh, weh, weh denen, die auf Erden wohnen", angekündigt werden.

Die blühendsten christlichen Gemeinden befanden sich damals im östlichen Teil des römischen Reiches, in Griechenland und in Kleinasien, der heutigen Türkei. Nach der Zerstörung Jerusalems durch die Römer im Jahre 70 n. Chr. bzw. schon einige Jahre zuvor wurde das Hauptquartier der urchristlichen Gemeinde von Jerusalem nach Ephesus in Kleinasien verlegt. Nach dem Tode der Apostel begleitete das Werk als letzter lebender Jünger Johannes noch bis gegen Ende des ersten Jahrhunderts. Johannes war für viele Jahre Ältester in der Gemeinde zu Ephesus.

Offenbarung 9

Darstellung der Ereignisse unter der fünften und sechsten Posaune

Die Strategie des Teufels hatte sich gegenüber der Gemeinde Jesu im westlichen Teil des römischen Reiches seit Konstantin geändert. Statt in der Verfolgung lag die Versuchung für die Gemeinde nun im Angebot von Ruhm und Ehre als römisch-katholische Staatskirche. Im Laufe dieser Entwicklung wurde der einfache Glaube an das lebendige Wort Gottes durch eine Religion der Formen und Zeremonien und der guten Werke ersetzt.

Im östlichen Teil des römischen Reiches ließ der Feind aus dem „Brunnen des Abgrunds" eine neue Religion entstehen, die die Menschen noch viel weiter von der Quelle der biblischen Wahrheit wegführen sollte, als die römisch-katholische Staatskirche das jemals tat. Gemeint ist der Mohammedanismus oder Islam.

„Und der fünfte Engel blies seine Posaune; und ich sah einen Stern, gefallen vom Himmel auf die Erde; und ihm wurde der Schlüssel zum Brunnen des Abgrunds gegeben. Und er tat den Brunnen des Abgrunds auf, und es stieg auf ein Rauch aus dem Brunnen wie der Rauch eines großen Ofens, und es wurden verfinstert die Sonne und die Luft von dem Rauch des Brunnens." (Kapitel 9, Verse 1 und 2)

In Jesaja 14, Vers 12 wird Satan als ein vom Himmel gefallener Stern dargestellt. Das unter der fünften Posaune dargestellte Bild eines vom Himmel gefallenen Sterns ist sein Werk. Sein Werkzeug ist der Prophet Mohammed. Diese millitante Religion der arabischen Völker hat das Erbe der blühenden Gemeinden der urchristlichen Zeit übernommen. Wo sind Ephesus, Galatien oder Antiochien heute? Nur noch wenige Christen gibt es dort. Es ist ein verschlagener Feind, der nichts mehr hasst und fürchtet, als eine blühende christliche Gemeinde, die es mit der christlichen Nachfolge und Treue ernst meint. So hat der Feind immer wieder der Sache Christi Schaden zugefügt. Und doch ist die Fackel der Wahrheit nie völlig erloschen. Das Wort Gottes ist uns unverfälscht erhalten geblieben und ist wie ein Kompass, der alle, die ihm folgen, sicher ins Reich Gottes führen wird.

„Und aus dem Rauch kamen Heuschrecken auf die Erde, und ihnen wurde Macht gegeben, wie die Skorpione auf Erden Macht haben. Und es wurde ihnen gesagt, sie sollten nicht Schaden tun dem Gras auf Erden noch allem Grünen noch irgendeinem Baum, sondern allein den Menschen, die nicht das Siegel Gottes haben an ihren Stirnen. Und ihnen wurde Macht gegeben, nicht dass sie sie töteten, sondern sie quälten fünf Monate lang; und ihre Qual war wie eine Qual von einem Skorpion, wenn er einen Menschen sticht. Und in jenen Tagen werden die Menschen den Tod suchen und nicht finden, sie werden begehren zu sterben und der Tod wird von ihnen fliehen. Und die Heuschrecken sahen aus wie Rosse, die zum Krieg gerüstet sind, und auf ihren Köpfen war etwas wie goldene Kronen, und ihr Antlitz glich der Menschen Antlitz; und sie hatten Haar wie Frauenhaar und Zähne wie Löwenzähne und hatten Panzer wie eiserne Panzer, und das Rasseln ihrer Flügel war wie das Rasseln der Wagen vieler Rosse, die in den Krieg laufen, und hatten Schwänze wie Skorpione und hatten Stacheln, und in ihren Schwänzen war ihre Kraft, Schaden zu tun den Menschen fünf Monate lang; sie hatten über sich einen König, den Engel des Abgrunds; sein Name heißt auf Hebräisch Abaddon und auf Griechisch hat er den Namen Apollyon." (Verse 3 bis 11)

Es gibt kaum eine bildhaftere Sprache im prophetischen Wort als diese, die das Aufkommen der arabischen Völker unter ihrem

Führer Mohammed darstellt. Durch diese religiöse, politisch-militärische Macht wurde, wie gesagt, die Sonne des Evangeliums Jesu verdunkelt und schwand im Laufe der Jahrhunderte in diesen einstmals blühenden Hochburgen des Christentums völlig. Politisch war die Stoßrichtung dieser Macht der Umsturz auch des oströmischen Reiches. Bevor diese arabischen Völker fanatische Anhänger ihres Propheten Mohammed wurden, waren sie doch anders als die plündernden Horden der germanischen Stämme aus dem Norden. Als im Jahre 632 n. Chr. Abu Bekar, der Onkel Mohammeds, als sein Nachfolger die arabischen Stämme gegen Syrien führte, soll er gesagt haben: „Wenn ihr die Schlachten des Herren führt, verhaltet euch wie Männer, die ihren Rücken nicht beugen. Lasst euren Sieg nicht mit dem Blut von Frauen und Kindern befleckt werden. Zerstört keine Palmen, brennt keine Kornfelder nieder. Schlagt keine Obstbäume um und tut dem Vieh nichts an. Tötet nur das, was ihr zum Essen braucht. Wenn ihr einen Vertrag schließt, dann steht dazu und seid so gut wie euer Wort. Wenn ihr weitergeht, werdet ihr religiöse Menschen finden, die zurückgezogen in Klöstern leben und vorgeben, dass sie Gott dienen. Lasst sie in Ruhe, tötet sie nicht und zerstört auch ihre Klöster nicht ..." (E. Gibbon, The History of the Decline and Fall of the Roman Empire, S. 51)

Es ist verblüffend, mit welcher Genauigkeit Gottes prophetisches Wort Jahrhunderte zuvor geschichtliche Tatsachen aufgezeichnet hat. Die arabisch-mohammedanischen Horden mit ihren bunten Turbanen, ihren langen schwarzen Haaren, auf ihren schnellen Pferden, wie sie sich für mehrere Jahrhunderte gleich Heuschrecken über große Teile des oströmischen Reiches stürzten, finden ihre Beschreibung in den Versen 6 bis 11.

Die zweimal erwähnte Zeitangabe von fünf Monaten ist prophetisch zu verstehen. Gemeint sind fünfmal 30 prophetische Tage = Jahre, also 150 Jahre.

Gegen Ende des 13. Jhr. gelingt es Osman, die arabisch-mohammedanischen Horden zu sammeln und unter seine Führung zu stellen. Das ist der Beginn des Osmanischen Reiches. Sein erster Angriff auf das griechisch-römische Westreich führt Osman am 27. Juli 1299. Mit diesem Datum beginnen die 150 prophetischen Jahre zu zählen. Diese bringen uns in das Jahr 1449, als der letzte griechische Kaiser Konstantin seinen Thron bestieg, aber nur mit Erlaubnis des Sultans. Der hebräische Name Abaddon oder griechisch Apollyon bedeutet soviel wie Zerstörer. Unter dem Bild von Heuschrecken mit dem Stachel von Skorpionen, schildert Gottes Wort diese für die Menschen furchtbare Heimsuchung großer Teile Europas und Asiens durch die mohammedanischen Völker. Und doch heißt es von den Menschen, die unter diesen Plagen zu leiden hatten: „... bekehrten sich doch nicht von den Werken ihrer Hände." (Vers 20)

„Das erste Wehe ist vorüber; siehe, es kommen noch zwei Wehe danach." (Vers 12)

Das erste Wehe geschah unter der fünften Posaune, das zweite Wehe geschieht zur Zeit der sechsten Posaune.

„Und der sechste Engel blies seine Posaune; und ich hörte eine Stimme aus den vier Ecken des goldenen Altars vor Gott, die sprachen zu dem sechsten Engel, der die Posaune hatte: lass los die vier Engel, die gebunden sind an dem großen Strom Euphrat. Und es wurden losgelassen die vier Engel, die bereit waren für die Stunde und den Tag und den Monat und das Jahr, zu töten den dritten Teil der Menschen." (Verse 13 bis 15)

Die vier Engel an dem großen Wasserstrom Euphrat, die für eine bestimmte Zeit gelöst werden sollten, sind vermutlich ein Hinweis auf die vier führenden Sultane Aleppo, Iconium, Damaskus und Bagdad, die die Hauptverbündeten des Osmanischen Reiches waren.

Sie sollten nach dem prophetischen Wort für eine bestimmte Zeit gelöst werden. Ein Tag gleich ein Jahr, ein Monat gleich 30 Jahre, ein Jahr gleich 360 Jahre, zusammen 391 Jahre.

Die erste Zeitangabe unter der fünften Posaune führte uns vom 27. Juli 1299 bis in das Jahr 1449. Rechnen wir von 1449 die 391 Jahre hinzu, dann kommen wir zum 27. Juli des Jahres 1840.

Um es noch genauer zu machen, müssen wir den Hinweis auf die „Stunde" berücksichtigen. Das ist der 24. Teil eines Tages, in der Prophetie der 24. Teil eines Jahres, also 15 Tage. Vom 27. Juli 15 Tage weitergerechnet, kommen wir zu dem 11. August 1840. Nachdem das Osmanische Reich für Jahrhunderte große Teile Europas unterjocht hatte, sollte es nach Gottes Zeitplan im Jahre 1840 seine politische Bedeutung verlieren.

Auf dem Höhepunkt der Adventbewegung in den Jahren zwischen 1830 bis 1840 gewann besonders diese Weissagung der sechsten Posaune selbst in vielen nichtreligiösen, politischen Zirkeln besondere Beachtung. Josia Litch, ein Mitstreiter William Millers, veröffentlichte Jahre zuvor, dass im Jahre 1840 das Osmanische Reich zusammenbrechen würde. Schließlich gab er sogar den 11. August 1840 gemäß der prophetischen Zeitrechnung nach Offenbarung 9 an. Als im Jahr 1838 der schon geschwächte Sultan von seinem Vasallen Mehemet Ali, dem Pascha von Ägypten, angegriffen wurde, bat er die europäischen Großmächte England, Russland, Österreich und Preußen um Hilfe. Die europäischen Großmächte nahmen den Hilferuf des Sultans an und sandten im Juli 1840 ein Ultimatum an den Pascha von Ägypten. Dieses Ultimatum wurde am 11. August 1840 wirksam und verhinderte weitere kriegerische Auseinandersetzungen mit der Folge, dass der kranke Mann am Bosporus seine Unabhängigkeit verlor. Er fristete zwar noch bis zum Jahre 1917 unter der Aufsicht der europäischen Großmächte sein Dasein. Aus den Scherben des Osmanischen Reiches entstand die heutige Republik der Türkei mit ihrem ersten Führer Mustapha Kemal.

Viele Spötter des prophetischen Wortes Gottes, wie es sie damals in den zahlreichen aufgeklärten politischen Zirkeln der Vereinigten Staaten und Europas zur Genüge gab, wurden durch diese unerwartet exakte Erfüllung des göttlichen Wortes so betroffen, dass sie ihren Spott und Unglauben gegenüber der Bibel aufgaben und eifrige Schüler des prophetischen Wortes wurden. Diese Umstände gaben der Adventbewegung in den letzten Jahren bis 1844 großen Auftrieb.

Mit dem Ende der sechsten Posaune befinden wir uns bereits geschichtlich in unserer Zeit. Das vierte Weltreich Rom war längst untergegangen und ein zerteiltes Reich geworden. In Westeuropa übernahm – genau wie vorhergesagt – für 1260 Jahre die römisch-katholische Kirche in besonderer Weise die Machtfülle Roms. Im östlichen Teil des ehemaligen römischen Reiches herrschte ebenfalls für viele Jahrhunderte eine religiös-politische Macht, der arabische Mohammedanismus oder das Osmanische Reich über die Völker. Doch wie die Geschichte bis in unsere heutige Zeit beweist, hat es bisher kein fünftes Weltreich gegeben. Selbst nach dem Zusammenbruch des Kommunismus vor einigen Jahren haben die Vereinigten Staaten ihre wirtschaftliche Vormachtstellung bisher nicht dazu benutzt, eine fünfte Weltmacht zu werden. Wir leben immer noch in dem zerteilten Reich der zehn Zehen aus Ton und Eisen (Daniel, Kapitel 2), die zwar durch viele Verträge miteinander verbunden sind und doch nicht fest zusammenhalten können, so wie Ton und Eisen nicht zusammenpassen.

Wer auf diese Weise die Weltgeschichte mit dem prophetischen Wort Gottes vergleicht, muss eigentlich zu der Schlussfolgerung gelangen, dass unsere Erde mit der ganzen Menschheit und letztlich auch unser persönliches Leben nicht durch Zufall entstanden ist, sondern seine Existenz einem uns liebenden allmächtigen Schöpfer verdankt, der die Geschicke auf unserer Erde lenkt. Dieser Schöpfer wurde in Jesus Christus Mensch, um uns von unserer Selbstsucht zu befreien und uns für das bald kommende und ewig bestehende Reich Gottes bereit zu machen.

„Das zweite Wehe ist vorüber; siehe, das dritte Wehe kommt schnell." (Kapitel 11, Vers 14) Zwischen dem Ende der sechsten Posaune und dem Beginn der siebenten Posaune schildert uns Gott nun in den Kapiteln 10 und 11 das Entstehen einer großen geistlichen Bewegung, die im Auftrage Gottes das ewige Evangelium im Rahmen der dreifachen Engelsbotschaft zu allen Menschen und Völkern tragen soll, um sie zu einer persönlichen Entscheidung für oder gegen Gott zu führen.

Offenbarung 10

Die Entsiegelung des Buches Daniel und die Entstehung der Adventbewegung mit der Enttäuschung von 1844

„Und ich sah einen andern starken Engel vom Himmel herabkommen, mit einer Wolke bekleidet, und der Regenbogen auf seinem Haupt und sein Antlitz wie die Sonne und seine Füße wie Feuersäulen. Und er hatte in seiner Hand ein Büchlein, das war aufgetan. Und er setzte seinen rechten Fuß auf das Meer und den linken auf die Erde, und er schrie mit großer Stimme, wie ein Löwe brüllt." (Verse 1 bis 3)

Der mächtige Engel, dessen Antlitz wie die Sonne leuchtete, und dessen Haupt von einem Regenbogen umgeben war, ist kein geringerer als Jesus Christus, der Engel des Bundes (Parallel-Text: Offenbarung 1, Verse 13 bis 16).

Das kleine Büchlein, was er in der Hand hält und was aufgetan war, ist das Buch Daniel. Der Hinweis, dass es aufgetan war, lässt darauf schließen, dass es zuvor versiegelt war. Es gibt in der ganzen heiligen Schrift nur ein Buch, was in Teilen für eine Zeit lang versiegelt bleiben sollte: „Und du, Daniel, verbirg diese Worte und versiegle dies Buch bis auf die letzte Zeit. Viele werden es dann durchforschen und große Erkenntnis finden." (Daniel 12, Vers 4) Insoweit ist es naheliegend, anzunehmen, dass das Büchlein, was Jesus in der Hand hält, das Buch Daniel ist.

Die Tatsache, dass Johannes Christus mit einem Fuß auf dem Meer und mit dem anderen auf der Erde in Verbindung mit dem geöffneten Buch Daniel stehen sieht, deutet auf das Entstehen einer weltweiten geistlichen Bewegung hin, die offensichtlich ihren Ursprung im Verständnis der bisher versiegelten Weissagungen des Buches Daniel hat. Diese Bewegung sollte zur Zeit des „Endes" auftreten (also nach 1798).

Als im Jahre 1798 Napoleon den Papst gefangen nehmen ließ und dieser ein Jahr später im Exil starb, ging diese Nachricht wie ein Lauffeuer durch die Christenheit Europas. Kurz vor diesem Ereignis sah sich im Juni 1797 nach den Wirren der Französischen Revolution die Nationalversammlung Frankreichs gezwungen, die totgesagte christliche Religion der Bibel wieder einzuführen. Überall in Europa und den Vereinigten Staaten entstand nach diesen Ereignissen ein Hunger nach Gottes Wort. In der Folge wurden Anfang des 19. Jahrhunderts auf der ganzen Welt zahlreiche Bibel- und Missionsgesellschaften gegründet, die für eine rasche Verbreitung der Bibel sorgten. So wie Gott es vorhergesagt hatte, erschloss sich Menschen zum ersten Mal das Verständnis der großen Zeitweissagung aus Daniel 8, Vers 14. Dies führte zu dem Verständnis der nahe bevorstehenden Wiederkunft Christi, die man für das Jahr 1844 erwartete. Die Adventbewegung entstand, getragen von Männern wie William Miller in den Vereinigten Staaten, von Bengel in Deutschland, von Gausen in Frankreich und der Schweiz und vielen anderen, die unabhängig voneinander durch das Studium von Daniel und der Offenbarung zu der gleichen Erkenntnis kamen, dass um das Jahr 1840 das Wiederkommen Jesu zu erwarten sei.

Das Verständnis der längsten Zeitweissagung der Bibel aus Daniel 8, Vers 14: „Bis 2300 Abende und Morgen vergangen sind; dann wird das Heiligtum wieder geweiht werden." führte in Verbindung mit Daniel 7 zu der Erkenntnis der „Stunde des Gerichts" und damit zur Voraussetzung der Verkündigung der dreifachen Engelsbotschaft aus Offenbarung 14. Das ist die Geschichte der Adventpioniere.

Johannes darf diese Ereignisse, die sich in Verbindung mit der Entsiegelung des Buches Daniel und mit dem Entstehen der Adventbewegung im ersten Teil des 19. Jahrhunderts abspielten, bereits zu seiner Zeit – also am Ende des 1. Jahrhunderts – in einer Vision schauen und schildert uns dies in Kapitel 10 der Offenbarung.

Selbst die große Enttäuschung der Adventgläubigen von 1844, die in der Regel als ein Beweis dafür angegeben wird, dass Gott eben nicht in dieser Bewegung war, hat Gottes Vorsehung in seinem Wort festgehalten: „Und ich ging hin zu dem Engel und sprach zu ihm: Gib mir das Büchlein! Und er sprach zu mir: Nimm hin und verschling's! Und es wird dir bitter im Magen sein; aber in deinem Mund wird's süß sein wie Honig. Und ich nahm das Büchlein aus der Hand des Engels und verschlang's. Und es war süß in meinem Mund wie Honig, und als ich's gegessen hatte, war es mir bitter im Magen." (Verse 9 und 10)

William Miller in Amerika ebenso wie die Adventgläubigen in Europa deuteten die Zeitweissagung aus Daniel 8, Vers 14 über die 2.300 Jahre, beginnend mit dem Jahr 457 v. Chr. und endend mit dem Jahr 1844 n. Chr. historisch richtig. Sie irrten sich allerdings in der Deutung des Heiligtums. Ähnlich wie die Jünger zur Zeit Jesu auf einem anderen Gebiet erlagen die Adventpioniere der volkstümlichen Auffassung, dass das zu reinigende Heiligtum unsere Erde sei und kamen deshalb zu der falschen Schlussfolgerung, dass damit die Wiederkunft Christi auf unsere Erde gemeint sein müsse.

Die Jünger Jesu begingen zu ihrer Zeit einen ähnlichen Irrtum. Sie folgten nämlich der jüdischen Auffassung, dass der Messias kommen würde, um den Thron Davids als König zu besteigen und Israel von seinen Feinden (gemeint waren die Römer) zu befreien und um ihr Volk zu der größten und machtvollsten Nation dieser Welt zu machen.

„Seit der Zeit fing Jesus an, seinen Jüngern zu zeigen, wie er nach Jerusalem gehen und viel leiden müsse von den Ältesten und Hohenpriestern und Schriftgelehrten und getötet werden und am dritten Tage auferstehen. Und Petrus nahm ihn beiseite und fuhr ihn an und sprach: Gott bewahre dich, Herrn! Das widerfahre dir nur nicht! Er aber wandte sich um und sprach zu Petrus: Geh weg von mir, Satan! Du bist mir ein Ärgernis; denn du meinst nicht, was göttlich, sondern was menschlich ist." (Matthäus 16, Verse 21-23) Die Jünger verstanden nicht, was Jesus meinte. In dem von der allgemeinen Volksmeinung geprägten Bild vom Messias hatte die Ankündigung Jesu über Schmähung, Leid und gar Kreuzestod keinen Platz. Obwohl Jesus seine Jünger über seine Bestimmung immer wieder aufklärte, war ihre falsche vorgefasste Meinung so stark, dass sie die Botschaft vom Kreuz nicht verstehen wollten.

Diese Haltung gab sogar Anlass zum Streit unter den Jüngern. Noch kurz vor der Kreuzigung schickten Johannes und Jakobus ihre Mutter vor, um Jesus zu bitten, ob ihre beiden Söhne im Falle der Thronbesteigung Jesu als seine wichtigsten Minister rechts und links neben ihm sitzen dürften. Die Tatsache, dass die Jünger auch nach dreieinhalb Jahren der täglichen Gemeinschaft mit Jesus dieser volkstümlichen Meinung über den Messias mehr glaubten als den Aussagen der Schrift (Jesaja 53), ist der Grund für ihre bittere Enttäuschung, die sie am Tage der Kreuzigung durchleben mussten. Als sie den Leichnam Jesu in das Grab von Joseph von Arimathia legten, begruben sie mit ihm alle ihre Hoffnungen. Die Finsternis war an jenem Tage so groß, dass sie sie nicht zu durchdringen vermochten. Genauso erging es den Adventgläubigen im Herbst 1844, als Jesus nicht wiederkam, wie sie es auf Grund der volkstümlichen Auslegung über das Heiligtum erwartet hatten. Eine erstaunliche Parallele.

Von den Jüngern damals hieß es: „Aber ihre Augen wurden gehalten, dass sie ihn nicht erkannten. Und Jesus (...) fing an, bei Mose und allen Propheten und legte ihnen aus, was in der ganzen Schrift von ihm gesagt war." (Lukas 24, Verse 16.27)

Ähnliches können wir von den Adventgläubigen von 1844 sagen, auch ihnen waren die Augen gehalten, dass sie ihren Irrtum nicht erkannten.

Unter dem beißenden Spott der Welt löste sich die Adventbewegung nach 1844 rasch auf und es blieb nur ein kleiner Rest übrig. Dieser Überrest hielt an der geistlichen Erfahrung der großen Freude, ihrem geliebten Herrn bald begegnen zu dürfen, fest und forschte weiter im Worte Gottes, bis sie ihren Irrtum erkannten und begriffen, dass mit dem Heiligtum das himmlische Heiligtum (nicht das irdische) gemeint war und im Jahre 1844 nicht Christus auf die Erde wiederkommen sollte, sondern die Stunde des Gerichts „im Himmel" begann als der erste Teil des Endgerichtes Gottes. Keiner, auch nicht die erbittertsten Gegner der Adventbewegung hatten diesen Irrtum gesehen. Die Berechnung der Zeit vom Auslaufen der 2300 Jahrtage im Jahre 1844 musste auch von ihren erbittertsten Gegnern als richtig bestätigt werden. Erst das weitere Forschen in der Heiligen Schrift eröffnete ihnen den Blick für das himmlische Heiligtum. Das Verständnis der Stunde des Gerichts aus Daniel 8, Vers 14 in Verbindung mit Daniel 7 und Offenbarung 4 und 5 führte zu der Erkenntnis über den weltweiten Auftrag Gottes an das Adventvolk, das ewige Evangelium im Rahmen der dreifachen Engelsbotschaft nach Offenbarung 14 allen Menschen als eine letzte und dringliche Einladung des Himmels zu verkündigen. Und sie nahmen diesen Auftrag nun an.

Johannes vertritt in seiner Vision aus Kapitel 10 persönlich die Adventgläubigen in ihren Erfahrungen besonders in den Jahren zwischen 1840 und 1844. Die Botschaft „unser Herr kommt", getragen von dem klaren und eindeutigen Verständnis des Buches Daniel und der machtvollen Erfüllung der Zeichen an Sonne, Mond und Sternen, sowie der großen geistlichen Erweckungsbewegung jener Zeit, all das war „süß wie Honig". Doch auch die negative Erfahrung „des Grimmens im Bauch" musste Johannes durchleben genau wie die Gläubigen im Herbst des Jahres 1844 als Jesus nicht wie erwartet wiederkam. Gott erachtete das für so wichtig, dass er es prophetisch in seinem Wort für uns aufzeichnen ließ, und zwar schon über 1700 Jahre bevor es geschah.

„Ich bin Gott, und sonst keiner mehr, ein Gott, dem nichts gleicht. Ich habe von Anfang an verkündigt, was hernach kommen soll, und vorzeiten, was noch nicht geschehen ist" (Jesaja 46, Verse 9 und 10)

„Und als er schrie, erhoben die sieben Donner ihre Stimme. Und als die sieben Donner geredet hatten, wollte ich es aufschreiben. Da hörte ich eine Stimme vom Himmel zu mir sagen: Versiegle, was die sieben Donner geredet haben, und schreib es nicht auf!" (Verse 3 und 4)

Möglicherweise war das, was die sieben Donner redeten, „die süße und auch die bittere Erfahrung" der Adventgläubigen jener Zeit. Die Aussage, dass hinfort „keine Zeit" mehr sein soll, heißt, dass Gott nach 1844 an keine Zeit mehr gebunden ist. Deshalb sprechen wir in besonderer Weise von Gnadenzeit.

„Und mir wurde gesagt: Du musst abermals weissagen von Völkern und Nationen und Sprachen und vielen Königen." (Vers 11)

Aus diesem kleinen, bitter enttäuschten Adventvolk von 1844 ist inzwischen eine weltweite Missionsbewegung von über 13 Millionen Gläubigen geworden, die als einzige christliche Kirche die Bedeutung der dreifachen Engelsbotschaft aus Offenbarung 14 mit der Stunde des Gerichts erkannt hat und weltweit verkündigt. Dass Gottes Geist die Advent-Bewegung ins Leben gerufen hat, steht genauso außer Frage, wie das Entstehen der Urgemeinde zu Pfingsten oder das Entstehen der christlichen Reformationsgemeinde im 15. und 16. Jahrhundert. Das prophetische Wort Gottes gibt hiervon klar und eindeutig Zeugnis im Kapitel 10 der Offenbarung.

Diese Erkenntnis aus der Heiligen Schrift will uns Mut machen und die Sicherheit geben, zu einer von Gottes Geist berufenen Missionsbewegung gehören zu dürfen, die den besonderen Auftrag Gottes hat, die Menschheit auf das nahe bevorstehende Reich Christi hinzuweisen. Möge Gott uns die Freudigkeit und die Bereitschaft schenken, wenigstens einen Teil unserer Zeit diesem Auftrag zu widmen.

Offenbarung 11

Der Drache startet eine Gegenbewegung

Die Kapitel 10 und 11 betreffen die Zeit zwischen dem Ende der sechsten Posaune (das ist das Jahr 1840) und dem Blasen der siebten Posaune (dem Kommen des Reiches Christi). „Und der siebente Engel blies seine Posaune; und es erhoben sich große Stimmen im Himmel, die sprachen: Es sind die Reiche der Welt unseres Herrn und seines Christus geworden, und er wird regieren von Ewigkeit zu Ewigkeit." (Vers 15)

Mit dem Blasen der siebten Posaune wird der Heilsplan Gottes vollendet sein. Die Zeit zwischen der sechsten und der siebten Posaune ist die Zeit, in der wir heute leben.

Kapitel 10 schildert in beeindruckender Weise das Entstehen der Adventbewegung, um in unserer Zeit der ganzen Menschheit davon Kenntnis zu geben, dass die Stunde des Gerichts „gekommen" ist. Das ewige Evangelium von der Gnade Gottes kann heute nicht mehr so wie in früheren Zeiten verkündigt werden, sondern bekommt infolge der Stunde des Gerichts eine große Dringlichkeit. In Kapitel 10 hatten wir aus dem Munde des Engels des Bundes gehört: „... dass hinfort keine Zeit mehr sein soll." (Offenbarung 10, Vers 6)

In der Adventbewegung Anfang des 19. Jhr. hat der Geist Jesu gläubige Christen aus allen Konfessionen durch das Studium der prophetischen Bücher Daniel und Offenbarung zu dieser lange verschütteten „Hauptsache" zurückgeführt und sie nach der Enttäuschung von 1844 zur Erkenntnis der Stunde des Gerichts gebracht.

Zum ersten Mal erkannten gläubige Menschen, dass im Jahre 1844 im himmlischen Heiligtum mit der Stunde des Gerichts die letzte Phase im Heilsplan Gottes begonnen hat.

Auf diese Tatsache weist Christus sein im Jahre 1844 enttäuschtes Adventvolk in den Versen 1 und 2 des Kapitels 11 der Offenbarung hin: „Und es wurde mir ein Rohr gegeben, einem Messstab gleich, und mir wurde gesagt: Steh auf und miss den Tempel Gottes und den Altar und die dort anbeten. Aber den äußeren Vorhof des Tempels lass weg und miss ihn nicht, denn er ist den Heiden gegeben; und die heilige Stadt werden sie zertreten 42 Monate lang."

Mit diesen Versen gibt Christus uns eine Zusicherung, dass es ein himmlisches Heiligtum gibt, wo Christus die Sache unseres Lebens in der Stunde des Gerichts vertritt. Die Heiden „außerhalb des Tempels" sind ein Hinweis auf die Menschen, die diese Botschaft unbeachtet lassen.

Mit der „Erkenntnis der Hauptsache" erschloss sich dem Adventvolk von 1844 das ewige Evangelium im Rahmen der Stunde des Gerichts neu. Zum ersten Mal begriffen Christen die dreifache Engelsbotschaft aus Offenbarung 14 als das geistliche Endzeitprogramm Gottes, um die Menschheit auf die Stunde des Gerichts und auf das Ende dieser Weltzeit vorzubereiten.

Die Adventbewegung ist die für die Endzeit von Gott ins Leben gerufene Reformationsbewegung, die alle Gläubigen unter das Banner Immanuels rufen soll im Sinne von Jesaja 58, Vers 12: „Und es soll durch dich wieder aufgebaut werden, was lange wüst gelegen hat, und du wirst wieder aufrichten, was vorzeiten gegründet ward, und du sollst heißen: Der die Lücken zumauert und die Wege ausbessert, dass man da wohnen könne."

Christus möchte sich durch seine letzte Brautgemeinde auf dieser Erde verherrlichen und sie zur ganzen und vollkommenen Wahrheit des offenbarten Wortes Gottes zurückführen. Im Laufe der Jahrhunderte sind im Evangelium und auch im Gesetz

Gottes Lücken entstanden. Die Hauptsache ist Jesus Christus unser Hohepriester im himmlischen Heiligtum, der zur Zeit die letzte Phase des Erlösungsplanes vollbringt und das Leben der Gläubigen vor dem himmlischen Weltgericht endgültig rechtfertigen und neben jeden Namen im Buch des Lebens „heilig dem Herrn" schreiben will. Das heilige Gesetz Gottes ist verändert worden, indem der Sabbat als der Tag Jesu, der ihn als Schöpfer und Erlöser verkündigt, verändert wurde in den heidnischen Sonntag. Es gibt keinerlei Bezug von der Schöpfung zum Sonntag. Gott segnete den siebenten Tag der Woche – den Sabbat – und nicht den ersten Tag der Woche – den Sonntag – (1. Mose 2, Verse 2-3). Wie können es Menschen wagen, Gottes heiliges Gesetz zu verändern? Im katholischen Katechismus ist das zweite Gebot ganz gestrichen, was die Verehrung von Bildern verbietet. Diese Lücken sollen wieder geschlossen werden. Alle Irrtümer und heidnischen Lehren, die sich ins Christentum eingeschlichen haben, soll Gottes Volk verlassen und zurückkehren zu der lauteren Wahrheit des ewigen und unveränderlichen Wortes Gottes.

Die Adventbewegung ist die von Gott dazu beauftragte Bewegung, das ewige Evangelium im Rahmen der dreifachen Engelsbotschaft allen Völkern und Nationen dieser Erde zu bringen und den letzten lauten Ruf nach Offenbarung 18 zu verkündigen: „Gehet aus von ihr mein Volk".

In den nachfolgenden Versen des Kapitels 11 weist uns nun Christus darauf hin, dass auch der Teufel mehrere geistig-religiöse Bewegungen in der Endzeit ins Leben rufen wird, um von der Verkündigung der Adventbotschaft abzulenken.

„Und ich will meinen zwei Zeugen Macht geben, und sie sollen weissagen tausendzweihundertundsechzig Tage lang, angetan mit Trauerkleidern. Diese sind die zwei Ölbäume und die zwei Leuchter, die vor dem Herrn der Erde stehen." (Verse 3.4)

Mit den zwei Zeugen oder den zwei Ölbäumen ist das Wort Gottes im Alten und Neuen Testament gemeint. Der zweimalige Hinweis auf die tausendzweihundertundsechzig Tage oder zweiundvierzig Monate, wo diese mit Trauerkleidern angetan sind, weist noch einmal auf die vergangene Zeit der besonderen Machtfülle Roms hin, als den Menschen der Zugriff zur Bibel versperrt war, bis Rom im Jahre 1798 seine Macht verlor und eine tödliche Wunde erhielt (Offenbarung 13).

„Und wenn sie ihr Zeugnis vollendet haben, so wird das Tier, das aus dem Abgrund aufsteigt, mit ihnen kämpfen und wird sie überwinden und wird sie töten. Und ihre Leichname werden liegen auf dem Marktplatz der großen Stadt, die heißt geistlich: Sodom und Ägypten, wo auch ihr Herr gekreuzigt wurde. Und Menschen aus allen Völkern und Stämmen und Sprachen und Nationen sehen ihre Leichname drei Tage und einen halben und lassen nicht zu, dass ihre Leichname ins Grab gelegt werden. Und die auf Erden wohnen, freuen sich darüber und sind fröhlich und werden einander Geschenke senden; denn diese zwei Propheten hatten gequält, die auf Erden wohnten. Und nach drei Tagen und einem halben fuhr in sie der Geist des Lebens von Gott, und sie stellten sich auf ihre Füße; und eine große Furcht fiel auf die, die sie sahen. Und sie hörten eine große Stimme vom Himmel zu ihnen sagen: Steigt herauf! Und sie stiegen auf in den Himmel in einer Wolke, und es sahen sie ihre Feinde." (Verse 7 bis 12)

Im zweiten Teil des Kapitels 11 wird uns das Entstehen der ersten Gegenbewegung gezeigt, die Satan in der französischen Revolution entstehen lässt, mit dem Ziel der Botschaft Gottes zu trotzen. Menschen sollen getäuscht werden, damit sie die Einladung Gottes umzukehren und sich mit Gott versöhnen zu lassen so lange aufschieben, bis die Stunde des Gerichts abgelaufen und die Gnadenzeit zu Ende ist.

Der geistige Vater der französischen Revolution ist der deutsche Philosoph Weishaupt, ein verbitterter Jesuit, der von der Unehrlichkeit und Heuchelei der Kirche angewidert und aus dieser persönlichen Enttäuschung den Gedanken propagiert: „Gott ist tot, es gibt überhaupt keinen Gott." Seine atheistischen Ideen finden in Frankreich am Ende des 18. Jhr. einen günstigen

Nährboden. Die Franzosen waren über Jahrhunderte durch eine korrupte und habgierige Kirche und Aristokratie in brutaler Weise unterdrückt worden. Das Licht des Evangeliums, wie es im 16. Jhr. zur Zeit der Reformation in vielen Ländern Europas schien, wurde in Frankreich von Rom und dem von ihm beeinflussten Königtum mit Gewalt unterdrückt. Die Edelsten des Landes starben auf dem Scheiterhaufen oder verließen das Land, wie die Hugenotten. Frankreich wurde zum Armenhaus Europas bis auf eine kleine Schicht von Aristokraten und den Vertretern der römisch-katholischen Kirche. Diese Umstände boten die geeignete Voraussetzung für eine Revolution in Frankreich, wo sich das Volk in einer unvorstellbaren Wut sowohl der Kirche als auch des Königtums und der Aristokratie entledigte. Man ließ öffentlich durch die Nationalversammlung der Franzosen verkündigen, „Gott ist tot". Die Kirchen wurden zu Tempeln menschlicher Weisheit erklärt oder gleich zu Tanzsälen umfunktioniert. Alles was an Gott und Gottesdienst erinnerte oder an das Königtum und die Aristokratie, verfiel in diesen schrecklichen Jahren der Revolution der Guillotine. Wenn auch die gleiche Nationalversammlung in Paris dreieinhalb Jahre später im Juni 1897 die Religion wieder einführen musste, weil das Chaos der Gesetzlosigkeit zu schrecklich geworden war, so leben die atheistischen Gedanken Weishaupts und der französischen Revolution im Leben vieler Menschen weiter. Einige Jahrzehnte später griff Karl Marx diese Gedanken auf, schrieb sein kommunistisches Manifest, was Anfang des 20. Jhr. zum atheistischen Kommunismus führte, der nahezu die Hälfte der Menschheit bis in unsere Tage beherrscht hat.

Auch Charles Darwin ließ sich von den gleichen atheistischen Ideen der französischen Revolution leiten und schrieb seine Artenlehre, die zur weltweit anerkannten Evolutionsbewegung führte, wodurch die Menschen Gott als Schöpfer Himmels und der Erden abgesetzt haben. Es ist schon bemerkenswert, wie Gottes Wort 1700 Jahre vor dieser Zeit durch seinen Propheten Johannes alle diese Einzelheiten, die damals Ende des 18. Jahrhunderts in Paris geschahen, aufzeichnen ließ. „Und ihre Leichname werden liegen auf der Gasse der großen Stadt." Genauso geschah es in Paris, als Menschen Gottes Wort verwarfen.

„Und die auf Erden wohnen, freuen sich darüber und sind fröhlich und werden einander Geschenke senden; denn diese zwei Propheten hatten gequält, die auf Erden wohnten." (Vers 10) Am Beginn der Revolution, als man sich durch die Verwerfung Gottes und seines Wortes auch der Gültigkeit der zehn Gebote entledigte, dachten die Menschen, dass sie nun frei seien, nach ihren eigenen Lüsten zu leben. Doch die Folge war nicht Glück, sondern Chaos. Jeder nahm sich die Frau des anderen und keiner achtete mehr den Besitz des Nächsten.

„Und nach drei Tagen und einem halben fuhr in sie der Geist des Lebens von Gott, und sie traten auf ihre Füße." (Vers 11) Genau nach dreieinhalb Jahren musste die Nationalversammlung der Franzosen unter dem Druck der Umstände die Religion wieder einführen. Kurz danach begann durch das Studium des prophetischen Wortes die Adventbewegung. Die Gründung zahlreicher Bibelgesellschaften trug zu einer nie vorher dagewesenen Verbreitung des Wortes Gottes bei.

Die schrecklichen Jahre der französischen Revolution, wo die ungezügelten Leidenschaften der Menschen und ihre Gesetzlosigkeit dem Leben jede Sicherheit nahm, sind ein Schauspiel für die Zeit, die einmal auf uns zukommen wird, wenn Gottes bewahrende Macht sich gänzlich von dieser Erde zurückzieht.

Obwohl wir uns schon heute über die weltweite Zunahme von Katastrophen, dem kolossalen Anstieg von Kriminalität auch unter Jugendlichen, dem zunehmenden Verfall von Sitte und Ordnung Sorgen machen, so ist das alles nur ein kleiner Vorgeschmack dessen, was geschehen wird, wenn Gott seine bewahrenden Engel und seinen schützenden Geist von dieser Erde zurückziehen wird.

„Danach sah ich vier Engel stehen an den vier Ecken der Erde, die hielten die vier Winde der Erde fest, damit kein Wind über die Erde blase noch über das Meer noch über irgendeinen

Baum. Und ich sah einen andern Engel aufsteigen vom Aufgang der Sonne her, der hatte das Siegel des lebendigen Gottes und rief mit großer Stimme zu den vier Engeln, denen Macht gegeben war, Schaden zu tun: Tut der Erde und dem Meer und den Bäumen keinen Schaden, bis wir versiegeln die Knechte unseres Gottes an ihren Stirnen." (Offenbarung 7, Verse 1 bis 3)

Wenn die Gerichtszeit im Himmel zu Ende geht und die Gnadenzeit abgeschlossen wird, wird zum ersten Mal das Böse ohne göttliche Begrenzung losgelassen werden. Die Leidenschaften der Menschen, die Gottes Angebot der Versöhnung abgelehnt haben, werden dann einem Sturzbach gleich losbrechen und das Leben auf dieser Erde zum Chaos machen.

Wenn Gott sein zu dieser Zeit noch auf Erden lebendes Volk nicht versiegelt hätte, würde es diese Zeit nicht schadlos überstehen können.

Wo sind heute in den Kirchen oder in der Politik die Christen, die eine solche Botschaft verkündigen? Wer warnt die auf Erden lebenden Menschen vor diesen uns bald bevorstehenden schrecklichen Entwicklungen?

Die römisch-katholische Kirche hat sich schon vor Jahrhunderten durch ihre Kompromissbereitschaft in Verbindung mit der Aufnahme vieler heidnischer Lehren ins Christentum weit von der Wahrheit der Bibel entfernt. Auch die protestantischen Kirchen haben sich dem Licht des prophetischen Wortes verschlossen und haben sich stattdessen dem Geist dieser Welt geöffnet. So wissen sie wenig von den aktuellen Wahrheiten für unsere Zeit, wie sie in Gottes Wort stehen. Sie sind in der Verkündigung der biblischen Wahrheiten „schlaff" geworden und haben keine Kraft, dem liberalen Geist dieser Welt zu widerstehen. Sie sind auf dem besten Weg über die weltweite Ökumene, sich mit Rom wieder zu vereinen und ihr protestantisches Erbe gänzlich zu verleugnen. Wo ist der protestantische Geist eines Martin Luthers im Leben der Kirche heute geblieben?

„Und der siebente Engel blies seine Posaune; und es erhoben sich große Stimmen im Himmel, die sprachen: Es sind die Reiche der Welt unseres Herrn und seines Christus geworden, und er wird regieren von Ewigkeit zu Ewigkeit. Und die Völker sind zornig geworden; und es ist gekommen dein Zorn und die Zeit, die Toten zu richten und den Lohn zu geben deinen Knechten, den Propheten und den Heiligen und denen, die deinen Namen fürchten, den Kleinen und den Großen, und zu vernichten, die die Erde vernichten." (Vers 15 und 18)

Wenn der siebte Engel posaunt, ist das Geheimnis Gottes vollendet. Jeder Mensch hat dann seine Entscheidung getroffen, unwiderruflich und für alle Ewigkeit.

Christus wird seine unumschränkte Macht empfangen und wird sein Reich aufrichten.

Das Ende der Gnadenzeit ist eine Zeit furchtbarer Gerichte, wo Gott die verderben wird, „die die Erde verderbt haben".

Bald, sehr bald wird die Stunde des Gerichts im Himmel zu Ende gehen und Gottes Gnadenzeit enden. Dann wird die Stimme unseres Heilandes, die uns durch sein Wort und durch das Wirken seines Geistes heute noch umwirbt, nicht mehr ertönen. Das ewige Evangelium wird Menschen nicht mehr einladen, Kinder Gottes zu werden. Die angenehme Zeit ist vorbei. „Die Ernte ist vergangen, der Sommer ist dahin und uns ist keine Hilfe gekommen." (Jeremia 8, Vers 20)

Die Menschen um uns leben so, als ob wir noch endlos Zeit hätten. Wir müssen ihnen durch die Verkündigung des ewigen Evangeliums im Rahmen der dreifachen Engelsbotschaft sagen, dass die Stunde des Gerichts bald zu Ende geht, damit es ihnen nicht so ergeht, wie den Bewohnern von Sodom und Gomorra.

Wer will behaupten, dass Gottes Wort nicht brandaktuell ist. Nichts kann der Menschheit mehr helfen, als die Annahme des Evangeliums von der Gnade Gottes in Jesus Christus zur angenehmen Zeit.

Offenbarung 12

Der große Streit zwischen Licht und Finsternis

Die erste Hälfte des letzten Buches der Bibel haben wir betrachtet. Was nun vor uns liegt, ist die göttliche Darstellung des großen Kampfes zwischen Christus und Satan, der zwar seinen Ursprung im Himmel hat, aber seinen Abschluss hier auf Erden finden wird. Alles, was den Namen Christi trägt, ist in diesen Kampf mit einbezogen. Doch die göttliche Vorsehung bestätigt uns den sieghaften Ausgang dieses Kampfes für die Gemeinde Jesu. Das ist sicher.

„Und es erschien ein großes Zeichen am Himmel: eine Frau, mit der Sonne bekleidet, und der Mond unter ihren Füßen und auf ihrem Haupt eine Krone von zwölf Sternen." (Vers 1)

Dies ist eines der schönsten prophetischen Bilder der ganzen Heiligen Schrift. In der Prophetie stellt eine Frau die Gemeinde dar. Eine tugendhafte Frau ist ein Bild für die von Gott erwünschte reine Gemeinde „... denn ich habe euch verlobt mit einem einzigen Mann, damit ich Christus eine reine Jungfrau zuführte." (2. Korinther 11, Vers 2)

Im Gegensatz dazu stellt die untreue Frau die abgefallene Gemeinde dar. „Und es kam einer von den sieben Engeln, die die sieben Schalen hatten, redete mit mir und sprach: Komm, ich will dir zeigen das Gericht über die große Hure, die an vielen Wassern sitzt, mit der die Könige auf Erden Hurerei getrieben haben; und die auf Erden wohnen, sind betrunken geworden von dem Wein ihrer Hurerei. Und er brachte mich im Geist in die Wüste. Und ich sah eine Frau auf einem scharlachroten Tier sitzen, das war voll lästerlicher Namen und hatte sieben Häupter und zehn Hörner. Und die Frau war bekleidet mit Purpur und Scharlach und geschmückt mit Gold und Edelsteinen und Perlen und hatte einen goldenen Becher in der Hand, voll von Gräuel und Unreinheit ihrer Hurerei, und auf ihrer Stirn war geschrieben ein Name, ein Geheimnis: Das große Babylon, die Mutter der Hurerei und aller Gräuel auf Erden." (Offenbarung 17, Verse 1 bis 5)

Niemand wird treulos geboren. Der Untreue und dem Abfall geht stets eine innere Entscheidung voraus.

„Wisset ihr nicht: wem ihr euch zu Knechten macht, um ihm zu gehorchen, dessen Knechte seid ihr und müsst ihm gehorsam sein, es sei der Sünde zum Tode oder dem Gehorsam zur Gerechtigkeit?" (Römer 6, Vers 16)

Es fällt uns Menschen schwer, uns bewusst zu machen, dass wir nicht frei sind. Es sei denn in unserer Entscheidung für oder gegen Gott. Wir sind schon „in Sünde geboren" und müssen unserem selbstsüchtigen Ich folgen. Es sei denn, dass wir durch die Begegnung mit Jesus Christus von neuem geboren werden. Allein das Auge unseres liebenden Schöpfers erkennt die völlige Ohnmacht unserer Lage. Bei einem niederträchtigen und verkommenen Menschen bereitet es uns keine Mühe, daran zu denken, dass er an das Böse gebunden ist. Bei einem ethisch hochstehenden, kultivierten und gebildeten Menschen, der zudem noch rechtschaffen ist, sieht das schon anders aus. Wir können uns die Betroffenheit von Nikodemus vorstellen, als dieser angesehene religiöse Führer in Israel die bekannten Worte aus dem Munde Jesu hören musste: „Es sei denn, dass jemand von neuem geboren werde, so kann er das Reich Gottes nicht sehen." (Johannes 3, Vers 3)

Schön und herrlich ist die Gemeinde Jesu niemals aus sich heraus, sondern nur, wenn sie das Kleid der Gerechtigkeit Jesu trägt. So wie der Mond kein eigenes Licht hat, sondern nur das der Sonne widerstrahlen kann, so hat die Gemeinde auch kein eigenes Licht, sondern strahlt die Liebe Jesu wider, die sie empfangen hat. Wir sind „Kinder des Lichtes", wenn wir in seinem Licht leben und Jesus nachfolgen.

Die Krone mit den zwölf Sternen, die die Frau trägt, ist ein Hinweis auf das königliche Priestertum, von dem Petrus spricht: „Ihr aber seid das auserwählte Geschlecht, die königliche Priesterschaft, das heilige Volk, das Volk des Eigentums, dass ihr verkündigen sollt die Wohltaten dessen, der euch berufen hat von der Finsternis zu seinem wunderbaren Licht." (1. Petrus 2, Vers 9)

„Und sie war schwanger und schrie in Kindsnöten und hatte große Qual bei der Geburt." (Vers 2)

Johannes sieht die Gemeinde zur Zeit der Geburt Jesu. Die älteste Ankündigung über unsere Erlösung noch aus dem Paradies sollte sich nun erfüllen: „Und ich will Feindschaft setzen zwischen dir und der Frau und zwischen deinem Nachkommen und ihrem Nachkommen; der soll dir den Kopf zertreten, und du wirst ihn in die Ferse stechen." (1. Mose 3, Vers 15)

Seit dieser Ankündigung wussten Adam und seine Nachfahren, dass es einen Erlöser geben würde. Auch der Teufel wusste, dass ein göttlicher Erlöser kommen würde, um ihm die Macht über uns Menschen zu nehmen.

„Und es erschien ein anderes Zeichen am Himmel, und siehe, ein großer, roter Drache, der hatte sieben Häupter und zehn Hörner und auf seinen Häuptern sieben Kronen und sein Schwanz fegte den dritten Teil der Sterne des Himmels hinweg und warf sie auf die Erde." (Verse 3 und 4)

Vers 9 identifiziert den großen Drachen als die alte Schlange, „die da heißt Teufel und Satan, der die ganze Welt verführt".

Der rote Drache mit den zehn Hörnern erinnert an das vierte Tier aus Daniel 7, was die vierte Weltmacht Rom darstellt. Auf den Standarten Roms war stets ein roter Drache wie auch ein Adler zu sehen. Der Teufel naht sich uns Menschen immer durch Werkzeuge. Das war schon im Paradies so, als er die Schlange benutzte, um Eva zu verführen. (Anderson, Unfolding the Revelation, S. 115)

„Und der Drache trat vor die Frau, die gebären sollte, damit er, wenn sie geboren hätte, ihr Kind fräße. Und sie gebar einen Sohn, einen Knaben, der alle Völker weiden sollte mit eisernem Stabe. Und ihr Kind wurde entrückt zu Gott und seinem Thron." (Verse 4 und 5)

Kaum war Christus in Betlehem geboren, als der Drache das Misstrauen und die Eifersucht des Königs Herodes benutzte, um das Kind Jesu zu töten. So erging es Jesus während seines ganzen Erdendaseins, dass der Feind ihn durch boshafte Menschen auf Schritt und Tritt verfolgte, um ihn zur Aufgabe seiner Mission oder zur Sünde zu verleiten und um so den Plan der Erlösung zunichte zu machen.

Johannes sieht nun am Ende des 1. Jhr. – als er die Offenbarung schreibt – die Verfolgung der Gemeinde, den frühen Tod seines Bruders Jakobus, das Martyrium von Petrus, Paulus und der anderen Apostel mit anderen Augen.

Die Vorsehung Gottes öffnet den Vorhang unserer Weltenbühne und lässt seinen treuen Diener einen Blick hinter die Kulissen tun. Johannes darf den Ursprung des Bösen schauen und sieht seine Entwicklung von den himmlischen Anfängen bis zur Zeit des Kreuzes und darüber hinaus bis zu seiner endgültigen Vernichtung durch Feuer am Ende der tausend Jahre.

„Und es entbrannte ein Kampf im Himmel: Michael und seine Engel kämpften gegen den Drachen. Und der Drache kämpfte und seine Engel, und sie siegten nicht und ihre Stätte wurde nicht mehr gefunden im Himmel." (Verse 7 und 8)

Die Entstehung des Bösen geschah im Himmel, und zwar schon vor der Erschaffung unserer Erde. Als Christus unsere Welt in sechs Tagen erschuf, setzte er bekanntlich den Baum der Erkenntnis des Guten und des Bösen in den Garten Eden und wies unsere ersten Eltern an, diese Stätte zu meiden. Adam und Eva hatten es in ihrem ungefallenen Zustand eigentlich einfach. Der Teufel durfte sie nirgends versuchen, außer dort, wo der

Baum der Erkenntnis stand. Wären sie nicht dorthin gegangen, hätte der Feind sie niemals überwinden können. Irgendwann hätte Gott den Baum der Erkenntnis aus dem Paradies entfernt und Satan hätte keinerlei Zugriff mehr auf die Menschheit gehabt.

Das Böse war also schon existent, als hier auf unserer Erde alles begann. Denn sein Ursprung ist nicht auf Erden, sondern im Himmel, und zwar in unmittelbarer Gegenwart Gottes.

Luzifer, der Führer der Engelwelt, der „schöne Morgenstern" war das höchste erschaffene Wesen.

Luzifer stand für lange Zeit als der erhabenste Engelfürst am Throne Gottes und hatte wie kein anderes erschaffenes Wesen Einsicht in Gottes Gedanken und Pläne. Alle Engel liebten ihn.

Äußerlich bestand kaum ein Unterschied zwischen Jesus Christus, der zweiten Person der Gottheit und Luzifer. Die Bibel gibt beiden den Beinamen: „Morgenstern".

Natürlich gibt es einen entscheidenden Unterschied. Jesus Christus „gestern, heute und derselbe auch in Ewigkeit" ist Gott, „ohne Anfang und ohne Ende." Luzifer wurde erschaffen, wenn auch mit hervorragenden Gaben und Anlagen, die er auch lange Zeit zur Ehre seines Schöpfers gebrauchte. „... bis an dir Missetat gefunden wurde." Irgendwann entstand im Herzen Luzifers Unzufriedenheit. Er war mit seiner erhabenen Stellung nicht mehr zufrieden und wollte wie Gott sein. Es reichte ihm nicht mehr, dass alle Engel ihn liebten und ehrten. Er wünschte für sich Anbetung, wie sie allein Gott zukommt. Diesen krankhaften Wunsch nach Anbetung hat der Teufel nie aufgegeben, nicht einmal in seiner Begegnung mit Jesus in der Wüste. „Und der Teufel führte ihn hoch hinauf und zeigte ihm alle Reiche der Welt in einem Augenblick und sprach zu ihm: Alle diese Macht will ich dir geben und ihre Herrlichkeit; denn sie ist mir übergeben, und ich gebe sie, wem ich will. Wenn du mich nun anbetest, so soll sie ganz dein sein. Jesus antwortete ihm und sprach: Es steht geschrieben: Du sollst den Herrn, deinen Gott, anbeten und ihm allein dienen." (Lukas 4, Verse 5 bis 8)

„Und es entbrannte ein Kampf im Himmel: Michael und seine Engel kämpften gegen den Drachen. Und der Drache kämpfte und seine Engel und sie siegten nicht, und ihre Stätte wurde nicht mehr gefunden im Himmel ... und sein Schwanz fegte den dritten Teil der Sterne des Himmels hinweg und warf sie auf die Erde." (Verse 7, 8 und 4)

Aus der Unzufriedenheit wurde Auflehnung gegen Gott, gegen seine Art und Weise das Weltall durch Güte zu regieren. Die Eifersucht auf Christus und die dem Sohn Gottes dargebotene Anbetung aller Geschöpfe des Himmels führte schließlich zum Kampf und zur Vertreibung Luzifers aus dem Himmel. Ein Drittel der Engelwelt folgte ihrem ehemaligen Anführer und trennte sich von Gott.

„Denn Gott hat selbst die Engel, die gesündigt haben, nicht verschont, sondern hat sie mit Ketten der Finsternis in die Hölle gestoßen und übergeben, damit sie für das Gericht festgehalten werden." (2. Petrus 2, Vers 4) „Auch die Engel, die ihren himmlischen Rang nicht bewahrten, sondern ihre Behausung verließen, hat er für das Gericht des großen Tages festgehalten mit ewigen Banden in der Finsternis." (Judas, Vers 6)

Dies alles war schon geschehen, als Gott unsere Erde erschuf.

Nachdem es dem Teufel gelang, Adam und Eva zur Sünde zu verleiten, beanspruchte er hinfort diese Erde und die Menschheit als sein Eigentum. Bis zum Kreuz verschaffte sich der Teufel als Vertreter von uns Menschen wieder Zugang zu den Ratsversammlungen Gottes. Das können wir den Büchern Hiob und Sacharia entnehmen (Hiob 1, Verse 6 ff.; Sacharia, Kapitel 3).

Mit dem Tod Jesu am Kreuz nahm Christus dem Teufel dieses angemaßte Recht wieder ab und wurde selbst als unser Mittler und Hohepriester der Vertreter des Menschengeschlechtes am Throne Gottes. Deshalb sagte Jesus kurz vor der Kreuzigung: „Ich sah den Satan vom Himmel fallen wie einen Blitz." (Lukas 10, Vers 18)

Der zweite Sturz Satans geschah also in Verbindung mit dem Tod Jesu am Kreuz. Vers 9 berichtet darüber: „Und es wurde hinausgeworfen der große Drache, die alte Schlange, die da heißt: Teufel und Satan, der die ganze Welt verführt, und er wurde auf die Erde geworfen, und seine Engel wurden mit ihm dahin geworfen. Und ich hörte eine große Stimme, die sprach im Himmel: Nun ist das Heil und die Kraft und das Reich unseres Gottes geworden und die Macht seines Christus; denn der Verkläger unserer Brüder ist verworfen, der sie verklagte Tag und Nacht vor unserm Gott." (Verse 9 und 10)

Die Bewohner des Himmels konnten aufatmen, weil der Verkläger der Brüder nun nicht mehr an den Ratsversammlungen des Himmels teilnehmen durfte.

„Und sie haben ihn überwunden durch des Lammes Blut und durch das Wort ihres Zeugnisses und haben ihr Leben nicht geliebt bis hin zum Tod. Darum freut euch, ihr Himmel und die darin wohnen! Weh aber der Erde und dem Meer! Denn der Teufel kommt zu euch hinab und hat einen großen Zorn und weiß, dass er wenig Zeit hat." (Verse 11 und 12)

Der Siegesruf Jesu am Kreuz von Golgatha: „Es ist vollbracht." Die Auferstehung und Himmelfahrt sowie das gewaltige Geschehen zu Pfingsten und die anschließende Bekehrung von Millionen von Menschen durch die Verkündigung des ewigen Evangeliums signalisierte dem Feind, dass er endgültig verloren hat. Durch die schrecklichen Ereignisse in Verbindung mit der Kreuzigung Jesu hat der Teufel alle restlichen Sympathien der himmlischen Welt für immer verloren.

Die himmlischen Bewohner wissen nun, wohin es führt, wenn sich Geschöpfe Gottes gegen den Schöpfer auflehnen, das Gesetz Gottes mit Füßen treten und sich einen eigenen Heilsweg wählen. Was hat uns Menschen das Versprechen der Schlange aus dem Paradies gebracht? „Und ihr werdet sein wie Gott." Kein Glück, sondern viel Schmerzen, Krankheit und schließlich den Tod. Der Teufel hat seinen wahren Charakter als Lügner und Mörder offenbart. In der himmlischen Welt würde ihm heute niemand mehr Glauben schenken. Sein Betätigungsfeld ist nur noch unsere Erde. Weil die Menschen nicht mehr Gottes Wort lesen, wissen sie auch nichts über den Ursprung des Bösen. Der Teufel hat es gern, wenn man ihn als ein unbeholfenes Fabelwesen mit Klumpfuß darstellt, über den man lachen und spotten kann. Ihm ist es am liebsten, wenn man ihn nicht ernst nimmt. Dann hat er ein leichtes Betätigungsfeld. Nachdem er Christus nicht mehr angreifen kann, konzentriert er seinen ganzen Hass und Zorn auf seine Nachfolger „... und hat einen großen Zorn und weiß, daß er wenig Zeit hat."

„Und die Frau entfloh in die Wüste, wo sie einen Ort hatte, bereitet von Gott, dass sie dort ernährt werde tausendzweihundertundsechzig Tage und es wurden der Frau gegeben die zwei Flügel des großen Adlers, dass sie in die Wüste flöge an ihren Ort, wo sie ernährt werden sollte eine Zeit und zwei Zeiten und eine halbe Zeit fern von dem Angesicht der Schlange." (Verse 6 und 14)

Siebenmal finden wir im prophetischen Wort der Bücher Daniel und Offenbarung die Zeitangabe der tausendzweihundertundsechzig Jahre. Gemeint ist die Zeitspanne der uneingeschränkten Herrschaft, die Gott dem Papsttum zubilligte. Als Beginn dieser Zeitspanne sehen wir das Jahr 538 n. Chr. und als Ende das Jahr 1798, als Napoleon den Papst gefangennahm. Diese langen Jahrhunderte der absoluten Herrschaft Roms war für die Gemeinde der Übrigen eine schwere Zeit. Abertausende mussten auf dem Scheiterhaufen ihr Leben lassen, weil Rom sie als Ketzer brandmarkte. Das Wort Gottes war in diesen Jahrhunderten den Menschen entzogen. Rom zog es vor, die Menschen mit religiösen Märchen zu versorgen.

Aber Gott sorgte auch in diesen langen Jahren des finsteren Mittelalters für seine Gemeinde. Die Waldenser lebten für Jahrhunderte in der Zurückgezogenheit der Berge, hielten fest am Worte Gottes, bildeten Missionare aus, schrieben Bibelteile ab und verbreiteten, verkleidet als Kaufleute, Lehrer und Ärzte, überall in Europa oft unter Lebensgefahr die frohe Botschaft von der Versöhnung in Jesus Christus. Sie waren die Wegbereiter der Reformation. Im 14. Jhr. erhob sich die Stimme Wyclifs in England, im 15. Jhr. die von Hus und Hyronimus in Böhmen und im 16. Jhr. die machtvolle Stimme Martin Luthers in Deutschland und erschütterte das Reich des Irrtums, der Intoleranz und der Inquisition. Im 17. und 18. Jhr. half Gott durch die Besiedelung der Vereinigten Staaten von Amerika den verfolgten Christen aus Europa, eine neue Heimat zu finden, in der sie ihres Glaubens leben konnten.

„Und die Schlange stieß aus ihrem Rachen Wasser aus wie einen Strom hinter der Frau her, um sie zu ersäufen." (Vers 15)

Was in früheren Jahrhunderten die Inquisition durch Verfolgung und Scheiterhaufen zu erreichen versuchte, geschieht in unserer Zeit durch die Verbreitung falscher Lehren, Philosophien und falscher Heilswege (Atheismus, Evolution, Spiritismus, Esoterik und New Age).

„Aber die Erde half der Frau und tat ihren Mund auf und verschlang den Strom, den der Drache ausstieß aus seinem Rachen." (Vers 16)

Mit der Entdeckung des Rosetta-Steins im Jahre 1799 fanden die Wissenschaftler Zugang zu den alten Sprachen der Ägypter und Babylonier. Die neue Wissenschaft der Archäologie und der Altertumsforschung vermittelte den Menschen großartige Erkenntnisse und bestätigte das Wort der Bibel, die weltweit einen ungeahnten Siegeszug antrat – bis heute.

Offenbarung 13

Die Strategien des Drachen in der letzten großen Auseinandersetzung auf Erden

„Und der Drache wurde zornig über die Frau und ging hin, zu kämpfen die Übrigen von ihrem Geschlecht, die Gottes Gebote halten und haben das Zeugnis Jesu." (Offenbarung 12, Vers 17) Der Vers 17 aus dem vorangegangenen Kapitel gibt uns darüber Auskunft, worauf sich der Drache in der letzten großen Auseinandersetzung konzentrieren wird. Sein Hass gilt besonders den Übrigen. Gottes Wort charakterisiert die Übrigen als „die da Gottes Gebote halten und haben das Zeugnis Jesu". Der Teufel erkennt offensichtlich besser als wir Menschen, wo Gottes Gemeinde zu finden ist. Die Bibel sagt uns im Blick auf die Endzeit, dass es eine Gemeinde geben wird, die alle Gebote Gottes einschließlich des Sabbat-Gebotes beachten wird. Bei dieser Gemeinde der Endzeit wird auch das Zeugnis Jesu zu finden sein, was nach Offenbarung 19, Vers 10 der Geist der Weissagung ist. Allein die aus der Adventbewegung Anfang des 19. Jhr. entstandene Gemeinschaft der Siebenten-Tags-Adventisten erfüllt beide Kriterien. Wir schreiben dies nicht aus persönlichem Stolz, sondern eher mit zitternder Hand, weil zu jeder göttlichen Berufung auch der entsprechende Auftrag gehört. Gemeint ist die weltweite Verkündigung des ewigen Evangeliums im Rahmen der dreifachen Engelsbotschaft zu einem Zeugnis über alle Völker.

Wir stehen im Ablauf des Heilsplanes gemäß dem prophetischen Wort der Offenbarung nun am Beginn der Endzeit und können aus den Kapiteln 13 und 14 erkennen, wie die eine und die andere Seite in der uns bevorstehenden letzten großen Auseinandersetzung ihr Endzeitprogramm präsentieren wird. Während Kapitel 13 das Programm des Drachen offenbart, schildert uns Kapitel 14 das Endzeit-Programm Jesu.

Als gläubige Menschen, die wir Gottes Wort ernst nehmen, haben wir den Vorteil, dass wir schon im Voraus den Ausgang des Kampfes kennen dürfen. Christus und seine treue Gemeinde der Übrigen, die da Gottes Gebote und den Glauben an Jesus festhält, wird einen vollständigen Sieg davontragen. Doch nun zu Kapitel 13: „Und ich sah ein Tier aus dem Meer steigen, das hatte zehn Hörner und sieben Häupter und auf seinen Hörnern zehn Kronen und auf seinen Häuptern lästerliche Namen. Und das Tier, das ich sah, war gleich einem Panther und seine Füße wie Bärenfüße und sein Rachen wie ein Löwenrachen. Und der Drache gab ihm seine Kraft und seinen Thron und große Macht. Und ich sah eines seiner Häupter, als wäre es tödlich verwundet, und seine tödliche Wunde wurde heil. Und die ganze Erde wunderte sich über das Tier." (Verse 1 bis 3)

Wir fühlen uns zurückversetzt in die Zeit Daniels, als ihm in Kapitel 7 gezeigt wurde, wie aus dem Völkermeer vier Untiere oder Weltreiche aufsteigen.

Die im Buch Daniel dargestellten vier Visionen folgen jeweils dem gleichen Grundschema, indem sie den Ablauf der Weltgeschichte von den Tagen des Propheten bis zur Errichtung des Reiches Gottes bei der Wiederkunft Jesu darstellen.

Da Daniel 600 Jahre vor Johannes lebte, beginnt seine Vision in Kapitel 7 mit der Darstellung Babylons. Zur Zeit des Johannes beherrschte aber Rom die Welt, so dass die ihm in Kapitel 13 gegebene Vision mit der Weltmacht Rom beginnt und nicht mehr mit Babylon.

Da das prophetische Wort der Bibel jeweils auf der zuvor gegebenen Weissagung aufbaut, setzt Gott bei uns, die wir die Offenbarung studieren, das Wissen um das Buch Daniel voraus. Aus dem Kapitel 7 des Buches Daniel wissen wir, dass aus dem vierten Untier Rom das kleine Horn, das Papsttum, entstand, das für 1260 Jahre nach dem Zusammenbruch des römischen Reiches die religiöse und politische Macht in Europa innehatte. Leider hat sowohl das kaiserliche wie auch das päpstliche Rom sich mehr dem Einfluss des Drachen als dem Einfluss Gottes geöffnet. Das erkennen wir auch an der Aussage, dass auf seinen Häuptern lästerliche Namen standen (Vers 1). Lästerung im Sinne der Bibel bedeutet, dass ein Mensch oder eine Institution sich Rechte anmaßt, die allein Gott zustehen. (Johannes 10, Vers 33)

Aus Daniel 7, Vers 25 wissen wir, was das kleine Horn tun würde. „Er wird den Höchsten lästern und die Heiligen des Höchsten vernichten und wird sich unterstehen, Festzeiten und Gesetz zu ändern. Sie werden in seine Hand gegeben werden eine Zeit und zwei Zeiten und eine halbe Zeit."

Paulus, der schon zu seiner Zeit die Gemeinden davor warnte, dass das Geheimnis der Bosheit innerhalb der Gemeinde entstehen würde, sagte im Blick auf den kommenden Antichristen voraus: „Er ist der Widersacher (Antichrist), der sich erhebt über alles, was Gott oder Gottesdienst heißt, sodass er sich in den Tempel Gottes setzt und vorgibt, er sei Gott." (2. Thessalonicherbrief 2, Vers 4)

Aus Vers 2, II. Teil von Offenbarung 13 wissen wir, wer dahinter steht. „... und der Drache gab ihm seine Kraft und seinen Thron und große Macht." Der Drache bleibt gerne im Verborgenen. Er benutzt Menschen, um seine Sache zum Sieg zu führen. So wie der Drache die Juden zur Zeit Jesu fest in seiner Hand hatte, so dass sie vor Pilatus schrien: „Kreuzige ihn, kreuzige ihn; sein Blut komme über uns und unsere Kinder" so tritt er heute im religiösen Gewand auf, um Menschen zu täuschen.

Während wir aus Daniel 7, Vers 25 bereits wussten, dass die unumschränkte Macht des kleinen Horns dreieinhalb Zeiten oder 1260 Jahre währen würde, erfahren wir nun aus Offenbarung 13, dass die tödliche Wunde, die Rom durch Napoleon im Jahre 1798 erhielt, wieder heilen würde.

Die letzten 200 Jahre beweisen die Richtigkeit des prophetischen Wortes. Nie zuvor hat die römisch-katholische Kirche eine solch weltweite Machtentfaltung erlangt wie heute. Der amtierende Papst gilt heute nahezu weltweit als die moralische Stimme der ganzen Menschheit.

Während die Verse 5 bis 7 des Kapitel 13 noch einmal die vergangene Geschichte Roms während der 1260 Jahre wiederholen, um dem Leser Klarheit und Eindeutigkeit über die Identifizierung dieser Macht zu geben, weist uns Vers 8 bereits in unsere Zeit und in die Zeit, die noch vor uns steht: „Und alle, die auf Erden wohnen, beten es an, deren Namen nicht vom Anfang der Welt an geschrieben stehen in dem Lebensbuch des Lammes, das geschlachtet ist."

Die Machtentfaltung Roms ist noch nicht zu Ende. Sie wird durch die im zweiten Teil des Kapitels 13 dargestellten Entwicklungen einmal ein solches Ausmaß annehmen, dass schließlich alle Menschen, deren Namen nicht im „Lebensbuch des Lammes stehen", dieser Macht huldigen werden, obwohl sie dadurch dem Zorn Gottes verfallen und die letzten sieben Plagen zu spüren bekommen.

„Und ich sah ein zweites Tier aufsteigen aus der Erde; das hatte zwei Hörner wie ein Lamm und redete wie ein Drache. Und es übt alle Macht des ersten Tieres aus vor seinen Augen, und es macht, dass die Erde und die darauf wohnen, das erste Tier anbeten, dessen tödliche Wunde heil geworden war." (Verse 11 und 12)

Hier wird uns nun im prophetischen Wort noch ein zweites Tier gezeigt, was nicht aus dem Völkermeer Europas entstehen sollte, wie das Papsttum, sondern aus einer wenig bewohnten einsamen Gegend. Diese Macht, die in aller Stille entsteht, hat zunächst lammähnlichen Charakter, wird sich aber in seiner Geschichte verändern, denn es wird einmal mit der Stimme des Drachen reden. Diese prophetische Beschreibung findet in jeder

Hinsicht ihre Bestätigung in dem Entstehen der Vereinigten Staaten von Amerika, die in aller Stille auf einem wenig bewohnten Kontinent zunächst mit der religiösen Absicht entstehen, ein Land ohne Papst und ohne König zu sein, wo Menschen frei sind, Gott nach ihrem Gewissen zu dienen. Die Gründerväter der Vereinigten Staaten waren aus Europa kommende Christen, die im Sinne der Verfassung der Vereinigten Staaten in einem freien Land leben wollten.

In der Vergangenheit fiel es sicher schwer, dem prophetischen Wort Glauben zu schenken, dass gerade die protestantische Macht der Vereinigten Staaten einmal ihre freiheitsliebende Tradition aufgeben könnte und der „Hauptförderer des ersten Tieres", also der römisch-katholischen Kirche, werden sollte. Noch in den 60er-Jahren des letzten Jahrhunderts war Amerika das einzige westliche Land, was keine diplomatischen Beziehungen zum Vatikan unterhielt. Doch seit John F. Kennedy, dem ersten katholischen Präsidenten der Vereinigten Staaten, hat sich in Amerika viel verändert. Die katholische Kirche ist auf dem Vormarsch. Schon heute fließt aus den Vereinigten Staaten mehr Geld in die Kassen Roms als aus dem gesamten übrigen Teil der Welt.

„Und es tut große Zeichen, sodass es auch Feuer vom Himmel auf die Erde fallen lässt vor den Augen der Menschen." (Vers 13)

Der Hinweis auf große Zeichen und Wunder, die der Drache in der letzten Zeit durch seine Medien wirken wird, will uns warnen, denn dadurch wird die Menschheit verführt werden.

Es scheint ein besonderes Phänomen unserer Zeit zu sein, dass trotz des säkularen und liberalen Weltgeistes, die Menschen heute für okkulte, mystische und übersinnliche Dinge sehr aufgeschlossen sind. Diese Tatsache stimmt mit den Weissagungen der Bibel über die Endzeit überein.

Paulus schreibt im 2. Thessalonicher-Brief, Kapitel 2, Vers 9.10: „Der Böse aber wird in der Macht des Satans auftreten mit großer Kraft und lügenhaften Zeichen und Wundern und mit jeglicher Verführung zur Ungerechtigkeit bei denen, die verloren werden, weil sie die Liebe zur Wahrheit nicht angenommen haben, dass sie gerettet würden."

Offenbarung 16 geht noch weiter: „Und ich sah aus dem Rachen des Drachen und aus dem Rachen des Tieres und aus dem Munde des falschen Propheten drei unreine Geister gehen, gleich Fröschen; es sind Geister von Teufeln, die tun Zeichen und gehen aus zu den Königen der ganzen Welt, sie zu versammeln zum Kampf am großen Tag Gottes des Allmächtigen." (Offenbarung 16, Verse 13 und 14)

Es wird einmal eine Zeit sein, wo angesichts der Ratlosigkeit der Regierenden eine besondere Gelegenheit für den Drachen kommt, durch Teufelsgeister die politische und religiöse Führung in dieser Welt zu übernehmen. Nichts anderes drückt Offenbarung 16 in den eben gelesenen Versen aus. Wir wissen, dass Offenbarung 16 die Zeit der sieben Plagen schildert, eine Zeit weltweiter Katastrophen in einem von uns Menschen bisher nicht gekannten Ausmaß. Weltweite Krisen und Katastrophen werden die letzten Dinge beschleunigen oder überhaupt erst möglich machen, die heute noch als unmöglich erscheinen.

Auf Initiative der USA hin wird ein Bild des ersten Tieres entstehen (Vers 14). Angesichts gewaltiger Krisen, die auf uns zukommen werden, wird Amerika seine Geschichte vergessen und die heute noch in der Verfassung garantierte Trennung von Kirche und Staat aufgeben. Die Kirchen werden die Hilfe des Staates suchen und den Staat veranlassen religiöse Gesetze zu erlassen, die für alle bindend sind. Rom herrschte Jahrhunderte über die Gewissen der Menschen mit politischer und religiöser Macht. Die Geschichte wird sich wiederholen.

„Und es wurde ihm Macht gegeben, Geist zu verleihen dem Bild des Tieres, damit das Bild des Tieres reden und machen könne, dass alle, die das Bild des Tieres nicht anbeteten, getötet würden." (Vers 15)

Die besonderen Umstände dieser Zeit, durch weltweite Krisen begünstigt, geben den okkulten und spiritistischen Kräften,

117

mit denen sich ohnehin viele unserer politischen und wirtschaftlichen Führer durch Wahrsagerei bereits eingelassen haben, besonderen Einfluss. Hier entsteht nun das Machtzentrum der Endzeit, eine Vereinigung aller antigöttlichen Kräfte unter der Führung Roms, des Spiritismus und des abgefallenen Protestantismus in den verschiedenen religiösen, politischen und wirtschaftlichen Verästelungen unserer internationalen Gesellschaft.

„Und es macht, dass sie allesamt, die Kleinen und Großen, die Reichen und Armen, die Freien und Sklaven, sich ein Zeichen machen an ihre rechte Hand oder an ihre Stirn und dass niemand kaufen oder verkaufen kann, wenn er nicht das Zeichen hat, nämlich den Namen des Tieres oder die Zahl seines Namens." (Verse 16 und 17)

Dieser Text beschreibt die letzte große Sammlungsbewegung des Drachen, die er weltweit mittels seiner religiösen und politischen Werkzeuge durchführen wird. Der Drache wird alle seine Anhänger zwingen, sein Malzeichen anzunehmen. Wer sich weigert, verliert das Recht, „zu kaufen oder zu verkaufen", das heißt, er kann nicht mehr an dem normalen gesellschaftlichen und wirtschaftlichen Leben teilnehmen. Und schließlich wird man über alle das Todesurteil fällen, die es ablehnen, das Malzeichen des Tieres anzunehmen.

Aber auch Gottes Stimme wird in dieser Zeit laut erschallen: „Und ein dritter Engel folgte ihnen und sprach mit großer Stimme: Wenn jemand das Tier anbetet und sein Bild und nimmt das Zeichen an seine Stirn oder an seine Hand, der wird von dem Wein des Zornes Gottes trinken, der unvermischt eingeschenkt ist in den Kelch seines Zorns, und er wird gequält werden mit Feuer und Schwefel vor den heiligen Engeln und vor dem Lamm." (Offenbarung 14, Verse 9 und 10)

Wahrheit und Irrtum stehen sich gegenüber. So war es schon am Anfang im Paradies. Gott hatte gesagt: „Aber von dem Baum der Erkenntnis des Guten und Bösen sollst du nicht essen; denn an dem Tage, da du von ihm isst, musst du des Todes sterben."

(1. Mose 2, Vers 17) Dem gegenüber steht die Aussage des Teufels: „Da sprach die Schlange zur Frau: Ihr werdet keineswegs des Todes sterben." (1. Mose 3, Vers 4)

So wie es am Anfang war, so wird es auch am Ende sein. Wem werden wir vertrauen? Gott oder dem Teufel? Das Treuezeichen Jesu wird einmal der Sabbat sein, das Zeichen seiner Schöpfer- und Erlöserkraft. Das Malzeichen des Tieres wird dann der falsche Sabbat, der heidnische Sonntag sein. Wir wissen, dass uns der Sabbat nicht selig machen kann. Allein Christus kann das durch seine Gnade bewirken. Doch so wie im Paradies der Baum der Erkenntnis des Guten und Bösen ein Zeichen der Treue war, so wird der Sabbat in der letzten Auseinandersetzung ebenso ein Zeichen der Treue für die Gemeinde der Übrigen sein. Alle wahren Gläubigen, die Gott versiegeln wird, werden aus Liebe zur Wahrheit das Treuezeichen Jesu, den Sabbat, beachten und heiligen. So gebietet es Gott im 4. Gebot allen Menschen, weil Christus den siebenten Tag am Ende der ersten Schöpfungswoche als Zeichen seiner Schöpfermacht eingesetzt und geheiligt hat. (1. Mose 2, Verse 1 bis 4) Das kann niemand leugnen, denn so steht es geschrieben. Wir wissen leider, dass der überwiegende Teil der Menschheit der Masse folgen und das Malzeichen des Tieres annehmen wird.

„Und alle, die auf Erden wohnen, beten es an, deren Namen nicht vom Anfang der Welt an geschrieben stehen in dem Lebensbuch des Lammes, das geschlachtet ist." (Offenbarung 13, Vers 8)

Kein Mensch wird sich vor diesem Konflikt drücken können. Jeder muss sich entscheiden.

„Zu der Zeit wird der Spätregen oder die Erquickung vom Angesicht des Herrn kommen, um der lauten Stimme des dritten Engels Kraft zu verleihen." (E. G. White, Erfahrungen und Gesichte, S. 77)

Eine Wiederholung des Pfingstfestes mit der machtvollen Ausgießung des Heiligen Geistes wird Gott genau zu dieser Zeit geben, um der Stimme des dritten Engels nach Offenbarung 14 besondere Kraft zu verleihen. Wie wir gelesen haben, warnt der dritte Engel vor der Anbetung des Tieres und seines Bildes und der Annahme des falschen Malzeichens (Offenbarung 14, Vers 9).

Das heißt, mitten hinein in die Zeit einer falschen geistlichen Erweckung, die der Drache unter seinen Anhängern bewirken wird, um sie zur Anbetung des Tieres und seines Bildes und zur Annahme seines Malzeichens zu veranlassen, erschallt die laute Stimme des dritten Engels und offenbart die Hintergründe, die Täuschung und den Irrtum dieses falschen religiösen Systems (Daniel 11, Vers 44). Die machtvolle Endzeitverkündigung des dritten Engels macht den Drachen und seine Anhänger sehr zornig, doch können sie diese Verkündigung nicht verhindern. Jeder Mensch auf Erden erhält von Gott die Möglichkeit, Irrtum und Wahrheit zu unterscheiden und muss dann für sich persönlich eine Entscheidung fällen. Wer sich dann wider besseres Wissen aus Rücksicht auf seine Arbeit, seine gesellschaftliche Stellung, seine Familie, seine Freunde gegen die Wahrheit entscheidet, empfängt das Malzeichen des Tieres und verfällt dem unvermischten Zorn Gottes, wie er in den Versen 9ff. nach Offenbarung 14 angedroht wird.

Alle diejenigen, die sich aus dem Lager Babylons durch die Verkündigung des dritten Engels herausrufen lassen, stehen mit den Übrigen auch unter dem internationalen Boykott, nicht mehr kaufen und verkaufen zu können. Schließlich werden auch sie das Todesurteil empfangen, und man wird sie wie Freiwild oder Ausgestoßene behandeln.

All das klingt aus heutiger Sicht unglaublich. Aber Gottes Wort sagt uns, dass die letzte große Auseinandersetzung zwischen Gut und Böse unter dem Einfluss von weltweiten Katastrophen einen dramatischen Verlauf nehmen wird. Wie werden wir uns entscheiden?

„Weil du mein Wort von der Geduld bewahrt hast, will auch ich dich bewahren vor der Stunde der Versuchung, die kommen wird über den ganzen Weltkreis, zu versuchen, die auf Erden wohnen." (Offenbarung 3, Vers 10)

Offenbarung 14

Die drei Engelsbotschaften: Das Endzeitprogramm Gottes

„Und ich sah, und siehe, das Lamm stand auf dem Berg Zion und mit ihm hundertvierundvierzigtausend, die hatten seinen Namen und den Namen seines Vaters geschrieben auf ihrer Stirn." (Vers 1) Eben stellten wir noch – angesichts des letzten großen Konfliktes auf dieser Erde – die bange Frage: „Wie werden wir uns entscheiden?"

Das Kapitel 14 beginnt mit der Darstellung eines wunderbaren Sieges der Hundertvierundvierzigtausend. Das sind die: „Die den Sieg behalten hatten über das Tier und sein Bild und über die Zahl seines Namens ..." (Offenbarung 15, Vers 2)

Der weltweite Boykott gegen die Gemeinde der Übrigen, die man – weil sie nicht bereit war, das Malzeichen des Tieres anzunehmen – aus der Gesellschaft ausschloss und sie schließlich zum Tode verurteilte, genau diese Schar sehen wir nun unversehrt als Sieger mit dem Namen Gottes an ihrer Stirn in Gemeinschaft mit Jesus auf dem Berg Zion stehen.

Wer noch Zweifel hat, ob er die zukünftige Zeit der „Angst in Jakob" bestehen wird, der sollte seine Zweifel aufgeben und sein Leben Jesus Christus, dem Sieger von Golgatha und dem König aller Könige, übergeben. Wer auf seiner Seite steht, wird schließlich den Sieg davontragen. Die meisten Menschen werden sich allerdings vom Drachen täuschen lassen, Gottes Gesetz mit Füßen treten und dem Schöpfer trotzen. Sie werden zu spät erkennen, dass sie den falschen Führer gewählt haben und nun auf der Verliererseite stehen müssen.

Wenn Jesus Christus als König aller Könige in der dunkelsten Stunde der Menschheitsgeschichte mit allen seinen Engeln zum zweiten Mal auf diese Erde kommen wird, dann wird die „Luftblase der Täuschung" zerplatzen. „Und die Könige auf Erden und die Großen und die Obersten und die Reichen und die Gewaltigen und alle Sklaven und alle Freien verbargen sich in den Klüften und Felsen der Berge und sprachen zu den Bergen und Felsen: Fallet über uns und verbergt uns vor dem Angesicht dessen, der auf dem Thron sitzt, und vor dem Zorn des Lammes!" (Offenbarung 6, Verse 15 und 16)

Dann fliehen die stolzen Menschen vor der Herrlichkeit Jesu und möchten lieber sterben als in sein Angesicht zu schauen.

Ganz anders wird die bisher verfolgte Schar der Hundertvierundvierzigtausend die Wiederkunft Jesu erleben: „Siehe das ist unser Gott, auf den wir hofften, dass er uns helfe. Das ist der Herr, auf den wir hofften; lasst uns jubeln und fröhlich sein über sein Heil." (Jesaja 25, Vers 9)

Angst und Schrecken bei den einen; Jubel und Freude bei den anderen. Hier erfüllt sich das Wort Gottes aus Maleachi 3, Vers 18. „Ihr werdet am Ende doch sehen, was für ein Unterschied ist zwischen dem Gerechten und dem Gottlosen, zwischen dem, der Gott dient, und dem, der ihm nicht dient."

Nach Offenbarung 7 wird Gott zum Ende des Untersuchungsgerichtes im Himmel sein dann noch auf Erden lebendes Volk versiegeln. Die Hundertvierundvierzigtausend tragen nach Offenbarung 14, Vers 1, den Namen des Vaters und des Sohnes an ihren Stirnen. Offensichtlich ist das ein und derselbe Vorgang. Das Siegel Gottes bzw. sein Name drücken aus, dass diese Menschen ganz und gar Eigentum Gottes und im Wesen und Charakter ihm ähnlich geworden sind.

Als Gott uns Menschen schuf, heißt es: „Und Gott sprach: Lasset uns Menschen machen, ein Bild, das uns gleich sei ..."

(1. Mose 1, Vers 26) Durch Gottes Gnade tragen die Hundertvierundvierzigtausend das Bild Gottes wiederum in sich. Diese besondere Schar der Gläubigen, die einmal ohne sterben zu müssen bei Jesu Wiederkunft verwandelt werden, müssen den Kelch der Trübsal allerdings bis zum letzten Tropfen leeren.

„Und ich hörte eine Stimme vom Himmel wie die Stimme eines großen Wassers und wie die Stimme eines großen Donners, und die Stimme, die ich hörte, war wie von Harfenspielern, die auf ihren Harfen spielen. Und sie sangen ein neues Lied vor dem Thron und vor den vier Gestalten und den Ältesten: und niemand konnte das Lied lernen außer den hundertvierundvierzigtausend, die erkauft sind von der Erde." (Verse 2 und 3)

Es ist verständlich, dass die Schar der Hundertvierundvierzigtausend – nun im Reich Gottes – ein Lied der Erfahrung singen kann, wo selbst die Engel schweigen und alle übrigen Gläubigen still und freudig zuhören, weil das Lied von ihrer Erfahrung handelt, die nur sie in der letzten großen Auseinandersetzung zwischen Gut und Böse auf dieser Erde gemacht haben.

„Diese sind's, die sich mit Frauen nicht befleckt haben, denn sie sind jungfräulich; die folgen dem Lamm nach, wohin es geht. Diese sind erkauft aus den Menschen als Erstlinge für Gott und das Lamm, und in ihrem Mund wurde kein Falsch gefunden; sie sind untadelig." (Verse 4 und 5)

Hier wird sicher nicht der Ehelosigkeit oder dem Zölibat das Wort geredet, weil sie sich nicht mit Frauen „befleckt" haben. Das ist nur ein symbolischer Hinweis darauf, dass sie allen fremden Lehren Babylons widerstanden haben und den Weg der Treue standhaft bis zum Ende gingen: „Hier ist Geduld der Heiligen! Hier sind, die da halten die Gebote Gottes und den Glauben an Jesus!" (Vers 12)

Vom griechischen Urtext gibt das Wort „Standhaftigkeit" die Erfahrung der letzten Gläubigen besser wieder als das Wort „Geduld". „Hier ist Standhaftigkeit der Gläubigen". Angesichts des weltweiten Boykotts und der Androhung der Todesstrafe sind die Hundertvierundvierzigtausend standhaft geblieben in ihrer Liebe zu Jesus, dem Anfänger und Vollender ihres Glaubens, und zu seinem heiligen und unveränderlichen Gesetz.

Ihre „Liebe zum Lamm" ist so groß, dass sie nun nicht mehr von ihm getrennt werden. „... und folgen dem Lamme nach, wo es hingeht ..."

Dass sie „Erstlinge Gottes" genannt werden, deutet auf ihre durch die Gnade Gottes geheiligten Charaktere hin. Das bestätigt auch der Vers 5. Durch die in ihnen wirkenden Gnadengaben des Geistes Jesu durften sie in eine charakterliche Vortrefflichkeit hineinwachsen, die einmalig ist.

Unser Gott ist der große „Ich Bin", der Ewig Seiende, der aus sich selbst Lebende, für den es nur Gegenwart gibt. Für Gott ist auch das, was für uns noch Zukunft ist, schon Gegenwart. Seit dem Ausruf Jesu am Kreuz von Golgatha: „Es ist vollbracht", steht der endgültige Sieg fest.

Das prophetische Wort offenbart uns die Zukunft schon heute in der Gegenwartssicht Gottes, mit der Absicht unseren Glauben zu stärken: „Jetzt sage ich's euch, ehe es geschieht, damit ihr, wenn es geschehen ist, glaubt, dass ich es bin." (Johannes 13, Vers 19)

Das prophetische Wort will nicht unsere Neugierde befriedigen oder uns zu religiösen Besserwissern machen, sondern will uns an der Sicht Gottes teilhaben lassen, damit wir die Zeichen der Zeit begreifen. Immer dann, wenn sich das prophetische Wort in unserer Zeit erfüllt, soll mit der Wahrnehmung dieser Erfüllung unser Glaube gestärkt werden. Die Gesamtschau der Bibel führt uns von Eden wieder zu Eden und lässt uns erkennen, dass unsere Weltzeit der Sünde nur ein „kurzes" Trauerspiel innerhalb der Ewigkeit darstellt. Wir zählen durch Gottes Gnade zu der bevorzugten Gruppe von Menschen, die kurz vor dem Ende lebt und wie keine andere Generation vor uns den gesamten Ablauf der Menschheitsgeschichte aus der Sicht des Wortes Gottes überschauen kann. Das alles soll uns Sicherheit geben, dass auch der kleine noch nicht erfüllte Teil der Prophetie sich zu seiner Zeit genauso erfüllen wird.

Während das Kapitel 13 der Offenbarung die Endzeitstrategie des Drachen darstellt, die, obwohl sie sich so siegessicher präsentiert, mit einer vollständigen Niederlage enden wird, stellt Offenbarung 14 die Strategie Gottes dar und lässt uns teilhaben an dem uneingeschränkten Sieg des Lammes mit all denen, die sich auf seine Seite stellen und standhaft festhalten an den Geboten Gottes und am Glauben Jesu. Gegen Gott kann niemand dauerhaft den Sieg davontragen. Wenn wir Menschen das doch nur begreifen könnten.

Das ewige Evangelium im Rahmen der dreifachen Engelsbotschaft wie es in den nun folgenden Versen beschrieben wird, ist Gottes Endzeitprogramm und stellt die aktuelle Wahrheit Gottes für unsere Zeit dar, die imstande ist, alle Menschen vor der Täuschung und dem Verlust des ewigen Lebens zu bewahren.

„Und ich sah einen andern Engel fliegen mitten durch den Himmel, der hatte ein ewiges Evangelium zu verkündigen denen, die auf Erden wohnen, allen Nationen und Stämmen und Sprachen und Völkern. Und er sprach mit großer Stimme: Fürchtet Gott und gebt ihm die Ehre; denn die Stunde seines Gerichts ist gekommen! Und betet an den, der gemacht hat Himmel und Erde und Meer und die Wasserquellen!" (Verse 6 und 7)

An keiner anderen Stelle in der Heiligen Schrift wird das herrliche Evangelium, der Heilige Bund als das „ewige Evangelium" bezeichnet, außer in der ersten Engelsbotschaft. Dieser Teil des prophetischen Wortes war zwar nie versiegelt, wie wesentliche Teile des Buches Daniel, doch wurden diese Botschaften von Christen erst Anfang des 19. Jahrhunderts in Verbindung mit der Entsiegelung des Buches Daniel verstanden.

Der Überrest der großen Adventbewegung von 1844 erkannte unter der Anleitung des Geistes der Weissagung zum ersten Mal die Bedeutung der drei Engelsbotschaften mit dem Schlüssel des Heiligtumsdienstes Jesu im Himmel und der „Stunde des Gerichts". Ohne diesen Schlüssel würde die dreifache Engelsbotschaft keinen Sinn machen.

Der besondere Hinweis auf das „ewige Evangelium" ist an die-

125

ser Stelle von besonderer Bedeutung, wenn man bedenkt, dass in der allgemeinen Christenheit heute vielfach die Meinung vertreten wird, das Alte Testament sei jüdisch und überholt. Für uns Christen gilt das Neue Testament. Den Adventpionieren erschloss sich die „Stunde des Gerichts" als wesentlicher Teil des ewigen Evangeliums aber gerade dadurch, dass sie die Symbolik des Alten Testaments (z. B. den israelischen Tempeldienst und das Buch Daniel) mit den neutestamentlichen Büchern, Briefen und der Offenbarung zu einer neuen Gesamtschau der Bibel zusammenfügten. Erst daraus entstand die Erkenntnis der aktuellen Wahrheit für unsere Zeit.

Die zentrale Botschaft des ersten Engels ist die Deutung der Stunde des Gerichts. Christus hat im Jahre 1844 mit der Eröffnung des himmlischen Untersuchungsgerichts die letzte Phase des Erlösungsplanes eingeleitet. Endet diese Stunde des Gerichts, dann endet auch für die gesamte Menschheit die Gnadenzeit Gottes. Diese Erkenntnis ist für jeden Christen von entscheidender Bedeutung. Die für Christen wie letztendlich für alle Menschen so wichtige Erkenntnis der Stunde des Gerichts verleiht der Verkündigung des ewigen Evangeliums eine besondere Dringlichkeit wie es sie für frühere Generationen nicht gab.

In der Symbolsprache der Bibel bedeutet der durch den Himmel fliegende Engel die machtvolle Verkündigung einer göttlichen Botschaft.

Der Hinweis „mitten durch den Himmel" und „... zu verkündigen denen, die auf Erden wohnen, und allen Nationen und Geschlechtern und Sprachen und Völkern ...", deutet an, dass dieses Werk der Verkündigung zunächst aus kleinen Anfängen beginnend, eine weltumspannende Evangelisations- und Missionsbewegung werden wird. Der weitere Hinweis auf die „laute Stimme" lässt erkennen, dass die Verkündigung der ersten wie auch besonders der dritten Engelsbotschaft einmal so laut und durchdringlich geschehen wird, dass sie zu jedem auf dieser Erde wohnenden Menschen dringen muss. Der Aufruf, Gott zu fürchten und „ihm die Ehre zu geben", fordert alle Menschen auf, Gott die Bedeutung in ihrem Leben zu geben, die ihm allein zusteht.

Die weitere Aufforderung, den „Schöpfer-Gott anzubeten", erfüllt in erstaunlicher Weise die Bedürfnisse unserer Zeit, weil es dem Drachen gelungen ist, durch Darwins Evolutionslehre Gott als Schöpfer abzusetzen. Die Aufforderung, den Schöpfer-Gott anzubeten, hat überhaupt erst in unserer Zeit ihre aktuelle Bedeutung bekommen, da in früheren Jahrhunderten praktisch niemand am Schöpfer-Gott gezweifelt hat.

Durch das Studium der Heiligen Schrift und des prophetischen Wortes erkannten die Adventpioniere nicht nur den vergessenen Heiligtumsdienst Jesu und die für uns so wichtige Stunde des Gerichts. Sie erkannten auch den verlorengegangenen Sabbat als besonderes Zeichen der Schöpfermacht Jesu Christi. So wie die erste Engelsbotschaft ohne das Verständnis der „Stunde des Gerichts" bedeutungslos wird, so wird die Verkündigung der dritten Engelsbotschaft bedeutungslos, ohne das biblische Verständnis über das Malzeichen des Tieres und seines Bildes.

Die Pioniere der Adventbewegung erkannten die Bedeutung der Worte Jesu neu: „Wer meine Gebote hat und hält sie, der ist's der mich liebt." (Johannes 14, Vers 21) „Und daran merken wir, dass wir ihn kennen, wenn wir seine Gebote halten. Wer sagt: Ich kenne ihn, und hält seine Gebote nicht, der ist ein Lügner und in dem ist die Wahrheit nicht." (1. Johannesbrief 2, Verse 3.4)

„Denn das ist die Liebe zu Gott, dass wir seine Gebote halten; und seine Gebote sind nicht schwer." (1. Johannesbrief 5, Vers 3)

Sie erkannten weiter die Weissagung aus Jesaja 58, Vers 12 in einem neuen Licht: „Und es soll durch dich wieder aufgebaut werden, was lange wüst gelegen hat, und du wirst wieder aufrichten, was vorzeiten gegründet ward; und du sollst heißen: Der die Lücken zumauert und die Wege ausbessert, dass man da wohnen könne."

Luther und die vor ihm lebenden Reformatoren hatten unter der Leitung des Geistes Gottes damit begonnen, Irrtum und

Wahrheit voneinander zu trennen und den heidnischen Schutt vom Evangelium wegzuschaffen. Gott erwartete, dass die nachfolgenden Generationen in seinem Wort weiterforschten und diese Arbeit fortsetzen sollten, um die ganze Wahrheit wieder zum Vorschein zu bringen. Da dies aber nicht geschah, ließ Gott im 19. Jahrhundert eine weitere Reformation entstehen, aus der das Adventvolk entstand, was sich bis heute als die Stimme in der Wüste versteht, um dem Herrn den Weg zu bereiten. Diese Erkenntnis beruht nicht auf Stolz, sondern auf der Verantwortung für die Verkündigung des ewigen Evangeliums im Rahmen der dreifachen Engelsbotschaft, um die Menschheit auf die bevorstehende Wiederkunft Jesu vorzubereiten.

Es liegt in Gottes heiligem Plan, sich eine Brautgemeinde zuzubereiten, die ohne „Flecken und Runzeln ist, die sich nicht mit fremden Lehren befleckt hat und in deren Munde kein Falsch gefunden wird, weil sie unsträflich ist".

Inzwischen sind seit 1844 über 160 Jahre vergangen. Es steht heute mit einem weltumspannenden Evangelisationsprogramm ein Adventvolk von über 13 Millionen getauften Gemeindegliedern bereit und einer wahrscheinlich doppelt oder dreifach so großen Anzahl von Menschen, die das ewige Evangelium im Rahmen der dreifachen Engelsbotschaft kennen und schätzen, aber noch nicht den Mut und die Glaubenskraft besitzen, sich zu entscheiden.

„Und der Drache wurde zornig über die Frau und ging hin, zu kämpfen gegen die Übrigen von ihrem Geschlecht, die Gottes Gebote halten und haben das Zeugnis Jesu." (Offenbarung 12, Vers 17)

In Übereinstimmung mit dieser Weissagung war und ist der Drache nicht untätig. Sein Ziel ist es, die Gemeinde durch die Zunahme des liberalen Geistes zu schwächen und ihr die Vision von der Vollendung des Werkes in unserer Generation zu nehmen. Der Drache weiß nur zu gut aus der Geschichte des alttestamentlichen und auch des neutestamentlichen „Israels", wie er durch die „Liebe zur Welt" die Gemeinde von ihrer Treue und der ersten Liebe abbringen kann. Insofern ist es auch für Gottes Volk heute hohe Zeit, umzukehren, um Ernst mit der Nachfolge Jesu und mit der Treue zu seinem Auftrag zu machen.

„Und ein zweiter Engel folgte, der sprach: Sie ist gefallen, sie ist gefallen, Babylon, die große Stadt; denn sie hat mit dem Zorneswein ihrer Hurerei getränkt alle Völker." (Vers 8)

Aus dem Textzusammenhang ergibt sich einerseits, dass der zweite Engel dem ersten Engel nachfolgt und andererseits will der Text auch aussagen, dass der erste Engel sein Werk noch fortsetzt, während der zweite Engel seine Botschaft verkündigt.

Die Botschaft vom Fall Babylons wird in Offenbarung 18, Verse 2 und 3 wiederholt und wird offensichtlich einmal den Weg für die letzte Einladung Gottes an alle aufrichtigen Menschen kurz vor dem Ende der Gnadenzeit bereiten: „Und ich hörte eine andre Stimme vom Himmel, die sprach: Geht hinaus aus ihr, mein Volk, dass ihr nicht teilhabt an ihren Sünden und nichts empfangt von ihren Plagen!" (Offenbarung 18, Vers 4)

Der Fall Babylons nimmt immer mehr zu, bis er einmal ein solches Ausmaß erreicht hat, dass „Gottes Volk", was sich heute noch überwiegend im katholischen, protestantischen und sogar im nichtchristlichen Lager befindet, herauskommt. Besonders die kraftvolle Verkündigung der dritten Engelsbotschaft in Verbindung mit der Ausgießung des Spätregens wird das bewirken. Gottes Volk wird dann erkennen, was auf dem Spiel steht und wird Babylon verlassen, um sich der letzten Gemeinde der Übrigen anzuschließen, die da „halten die Gebote Gottes und den Glauben an Jesus".

Wir hatten des öfteren erwähnt, dass sich in der Bibel seit alters her zwei Städte – Babylon und Jerusalem – als Sinnbilder für die zwei Erlösungswege gegenüberstehen.

Als Nimrod und die Menschen um ihn nicht lange nach der Sintflut die Stadt Babylon erbauten mit einem Turm, der bis in den Himmel ragen sollte, bewegte sie dabei der sich gegen Gott auflehnende Geist des Drachen, ihr Leben selbst in die Hand zu nehmen und sich nicht auf Gottes Zusagen zu verlassen.

129

„Wohlauf, lasst uns eine Stadt und einen Turm bauen, dessen Spitze bis an den Himmel reiche, damit wir uns einen Namen machen ..." (1. Mose 11, Vers 4)

Sie gaben ihrer Stadt zunächst den Namen Babril, was soviel bedeutet wie „Tor zum Himmel". Damit wollten sie auch andeuten, dass sie Macht besäßen, den Menschen den Weg zum Himmel zu zeigen. Wir denken an die Worte der Schlange im Paradies, die Eva verhieß: „Und ihr werdet sein wie Gott". In der mysterienhaften Religion Babylons, die jeweils den regierenden König auch als Vertreter Gottes verehrte, steht im Mittelpunkt die Leistung des Menschen. Der Mensch erlöst sich schließlich selbst durch seine guten Werke. Obwohl Babylon längst untergegangen ist, leben diese Gedanken bis heute auch im Christentum weiter.

Im Verlauf der Menschheitsgeschichte hat der Drache immer wieder versucht, die Menschen zu beherrschen und sie von dem einfachen Weg des Heils, wie er uns in Gottes Wort offenbart wird, abzubringen. Wenn Gott seine Absichten nicht immer wieder vereitelt hätte, wäre es ihm sicher gelungen. Vor der Sintflut stand Noah auf und predigte im Auftrag Gottes für 120 Jahre den vorsintflutlichen Menschen das Evangelium. Nach der Sintflut erwählte Gott Abraham, Isaak und Jakob und ließ das Volk Israel mit der Hauptstadt Jerusalem als Werkzeug der Verkündigung des ewigen Evangeliums entstehen.

Doch dem Drachen gelang es, das Volk Israel bis zur Zeit des ersten Kommens Jesu trotz ihrer Frömmigkeit und Religiosität so zu beherrschen, dass sie mit ihrer Führungsschicht vor Pilatus stehend schrien: „Kreuzige ihn, kreuzige ihn. Sein Blut komme über uns und unsere Kinder." Sie waren so mit Blindheit geschlagen, dass sie den ihnen von Gott gesandten Messias verwarfen.

Nach dem Kreuz begann Gott von neuem mit dem neutestamentlichen Israel, der christlichen Gemeinde und dem Wunder von Pfingsten mit der kraftvollen Verkündigung des ewigen Evangeliums. Im 4. Jahrhundert gelang es dem Drachen erneut, der Wahrheit durch Vermischung mit Irrtum in der römisch-katholischen Staatskirche zu schaden. Doch Gottes Eingreifen vereitelte auch diesmal den Plan des Drachen. Die Reformation des 14., 15. und 16. Jahrhunderts sorgte für Aufklärung und stellte sein „christliches System" als Täuschung und Irrtum bloß. Inzwischen wird von der heute lebenden protestantischen Welt die Reformation leider weitgehend als ein „Unglück" angesehen und man ist dabei, das reformatorische Erbe gegen ein „Linsengericht" zu verkaufen. Die Ökumene sorgt in aller Stille dafür, die protestantischen Kirchen wieder in den Schoß Roms zurückzuführen. Der Kampf geht weiter.

Aus Offenbarung 13 wissen wir, dass das Werk des Drachen besonders durch die Initiative des zweiten Tieres – den Vereinigten Staaten – unterstützt durch die Kräfte des Spiritismus und Okkultismus zum Ende einen zwar nur kurzen, aber weltweiten Erfolg haben wird. Es wird dem Drachen für kurze Zeit gelingen, nahezu die gesamte Menschheit unter seine Führung zu stellen.

„Und ich sah aus dem Rachen des Drachen und aus dem Rachen des Tieres und aus dem Munde des falschen Propheten drei unreine Geister kommen, gleich Fröschen; es sind Geister von Teufeln, die tun Zeichen und gehen aus zu den Königen der ganzen Welt, sie zu versammeln zum Kampf am großen Tag Gottes, des Allmächtigen." (Offenbarung 16, Verse 13 und 14)

„Und die zehn Hörner, die du gesehen hast, das sind zehn Könige, die ihr Reich noch nicht empfangen haben; aber wie Könige werden sie für eine Stunde Macht empfangen zusammen mit dem Tier. Diese sind eines Sinnes und geben ihre Kraft und Macht dem Tier." (Offenbarung 17, Verse 12 und 13)

„Und alle, die auf Erden wohnen, beten es an, deren Namen nicht von Anfang der Welt an geschrieben stehen in dem Lebensbuch des Lammes, das geschlachtet ist." (Offenbarung 13, Vers 8)

In der letzten großen Zurschaustellung, durch die der Drache nahezu die gesamte Menschheit täuschen kann, wird er sogar die Wiederkunft Jesu nachahmen. Dies wird kurz vor der wirklichen Wiederkunft Jesu geschehen.

„Denn er selbst, der Satan, verstellt sich als Engel des Lichts." (2. Korinther 11, Vers 14) Wie in der Wüste bei der Versuchung Jesu wird in dieser letzten weltweiten Täuschung der Teufel als strahlendes Engelwesen erscheinen und vorgeben, er sei Christus. Er wird Zeichen und Wunder tun und Worte Jesu sprechen. Er wird die segnen, die das Tier anbeten und sein Malzeichen angenommen haben und wird so seinem eigenen betrügerischen Werk das scheinbare Siegel Gottes aufprägen. Das wird die schwerste Stunde der Versuchung sein, vor der Jesus seine Gemeinde warnte. Die Täuschung würde so groß sein, dass – wenn es möglich wäre – sogar die Auserwählten verführt werden.

Wer sich durch ein beständiges Studium der Bibel und hier besonders der prophetischen Bücher Daniel und Offenbarung nicht eine eigene Überzeugung über den Grund seines Glaubens geschaffen hat, der wird angesichts der übernatürlichen Zeichen und Wunder, die der Teufel in Zukunft geschehen lässt, nicht standhaft bleiben können. „Sie ist gefallen, sie ist gefallen, Babylon, die große Stadt; denn sie hat mit dem Zorneswein ihrer Hurerei getränkt alle Völker." (Vers 8)

Die vielen unbiblischen Lehren über die Messe, die Unfehlbarkeit des Papstes und der Kirche, den Anspruch von Papst und Priestern Sünden zu vergeben, die Lehren über Hölle und Fegefeuer, die falsche Lehre der Unsterblichkeit der Seele, die unbiblische Lehre der Himmelfahrt Marias und der göttlichen Verehrung als Himmelskönigin und sogar als Heilsvermittlerin nebst all den Heiligen und den zahlreichen Veränderungen des Evangeliums und des heiligen Gesetzes Gottes ist schuld an unserer glaubensarmen Zeit mit den neuen „Töchtern Babylons", wie New Age, Esoterik, Wahrsagerei und Okkultismus. Die Führer Roms, wie auch heute die schlaffen Führer im protestantischen Lager tragen hierfür die Verantwortung. Als Hirten über Gottes Herde sollen sie dem Volke Gottes nichts als die reine biblische Lehre verkündigen und keine Märchen oder menschlichen Philosophien.

Wenn wir uns die Wiederholung der zweiten Engelsbotschaft in Offenbarung 18 ansehen, dann wird der Fall Babylons zum Schluss dramatische Züge annehmen: „Und er rief mit mächtiger Stimme: Sie ist gefallen, sie ist gefallen, Babylon, die Große, und ist eine Behausung der Teufel geworden und ein Gefängnis aller unreinen Geister und ein Gefängnis aller unreinen Vögel und ein Gefängnis aller unreinen und verhassten Tiere. Denn von dem Zorneswein ihrer Hurerei haben alle Völker getrunken, und die Könige auf Erden haben mit ihr Hurerei getrieben, und die Kaufleute auf Erden sind reich geworden von ihrer großen Üppigkeit." (Offenbarung 18, Verse 2 und 3)

Aus diesen göttlichen Worten erkennen wir noch deutlicher als aus der zweiten Engelsbotschaft, dass zum Ende hin spiritistische und okkulte Kräfte und Ideen in die christlichen Kirchen eindringen werden, um die Täuschung vollkommen zu machen. Aber Gottes Geist wird diese Erscheinungen in Verbindung mit dem Ruf des dritten Engels dazu benutzen, um alle aufrichtigen Gläubigen aus Babylon herauszurufen. Diesmal werden sie dem Ruf Gottes folgen, denn sie begreifen nun, dass es um ihr ewiges Heil geht. Dann wird sich auch die Weissagung aus Jesaja 60 erfüllen, dass die „Schätze der Völker" zur Gemeinde der Übrigen kommen werden.

„Hebe deine Augen auf und sieh umher: Diese alle sind versammelt und kommen zu dir. Deine Söhne werden von ferne kommen und deine Töchter auf dem Arme hergetragen werden. Dann wirst du deine Lust sehen und vor Freude strahlen, und dein Herz wird erbeben und weit werden, wenn sich die Schätze der Völker am Meer zu dir kehren und der Reichtum der Völker zu dir kommt." (Jesaja 60, Verse 4 und 5)

Dann wird sich auch die Weissagung aus Jesaja 2 erfüllen: „Es wird zur letzten Zeit der Berg, da des Herrn Haus ist (die Gemeinde) fest stehen, höher als alle Berge und über alle Hügel erhaben, und alle Heiden werden herzulaufen, und viele Völker werden hingehen und sagen: Kommt, lasst uns auf den Berg des Herrn (die Gemeinde) gehen, zum Hause des Gottes Jakobs, dass er uns lehre seine Wege und wir wandeln auf seinen Steigen! Denn von Zion wird Weisung ausgehen und des Herrn Wort von Jerusalem." (Jesaja 2, Verse 2 und 3)

Trotz der gewaltigen Anstrengungen der Macht der Finsternis, die sich uns immer noch als die „Herren der Welt" vorstellt (Epheser 6), wird doch Gottes Werk zum Ende einen völligen Sieg erringen.

„Man singt mit Freuden vom Sieg in den Hütten der Gerechten." (Psalm 118, Vers 15)

„Und ein dritter Engel folgte ihnen und sprach mit großer Stimme: Wenn jemand das Tier anbetet und sein Bild und nimmt das Zeichen an seine Stirn oder an seine Hand, der wird von dem Wein des Zornes Gottes trinken, der unvermischt eingeschenkt ist in den Kelch seines Zorns, und er wird gequält werden mit Feuer und Schwefel vor den heiligen Engeln und vor dem Lamm. Und der Rauch von ihrer Qual wird aufsteigen von Ewigkeit zu Ewigkeit; und sie haben keine Ruhe Tag und Nacht, die das Tier anbeten und sein Bild und wer das Zeichen seines Namens annimmt." (Offenbarung 14, Verse 9 bis 11)

In der letzten großen Auseinandersetzung auf dieser Erde wird kein Mensch mehr unentschieden bleiben können.

„Und es macht, dass sie allesamt, die Kleinen und Großen, die Reichen und Armen, die Freien und Sklaven, sich ein Zeichen machen an ihre rechte Hand oder an ihre Stirn und dass niemand kaufen oder verkaufen kann, wenn er nicht das Zeichen hat, nämlich den Namen des Tieres oder die Zahl seines Namens ... dass alle, die das Bild des Tieres nicht anbeteten, getötet würden." (Offenbarung 13, Verse 16 bis 17, Vers 15 Teil 2)

Dem Drachen wird es in der letzten Zeit gelingen, nahezu die gesamte Menschheit unter seiner Herrschaft zu vereinen. „Und alle, die auf Erden wohnen, beten es an, deren Namen nicht vom Anfang der Welt an geschrieben stehen in dem Lebensbuch des Lammes, das geschlachtet ist." (Offenbarung 13, Vers 8)

Seine Hauptwerkzeuge dafür sind das erste Tier, die römisch-katholische Kirche, das zweite Tier, die Vereinigten Staaten mit dem abgefallenen Protestantismus und schließlich der Spiritismus mit seinen vielen modernen Spielarten als der gefährlichsten Kraft in diesem Machtgebilde der Endzeit.

Die letzten Dinge werden rasant schnell gehen, bestimmte Umstände werden dazu beitragen. Wir vermuten, dass es Krisen und Katastrophen sein werden, die die Menschheit in einem Ausmaß erschüttern werden, wie wir es bisher nicht kannten. Dies wird den Drachen dazu veranlassen, seinen letzten Plan der Täuschung durchzuführen. Mittels seiner eben dargestellten irdischen Werkzeuge wird er die Menschen dazu bringen, sich ein Malzeichen zu geben, entweder an ihre rechte Hand (Arbeitsbereich) oder an ihre Stirn (Erkenntnisbereich). Wer dieses Malzeichen des Tieres nicht annimmt, der wird aus der Gesellschaft ausgeschlossen, denn er kann nicht mehr kaufen oder verkaufen. Und schließlich wird man über ihn das Todesurteil aussprechen.

Das Malzeichen des Tieres ist das Gegenstück zum Siegel Gottes. Das Siegel Gottes ist das ewige Zeichen seiner Schöpfermacht, der Sabbat als der wahre göttliche Ruhetag. „Und so vollendete Gott am siebenten Tage seine Werke, die er machte, und ruhte am siebenten Tage von allen seinen Werken, die er gemacht hatte. Und Gott segnete den siebenten Tag und heiligte ihn, weil er an ihm ruhte von allen seinen Werken, die Gott geschaffen und gemacht hatte." (1. Mose 2, Verse 2 und 3)

Folglich ist das Malzeichen des Tieres der falsche Sabbat, der heidnische Sonntag, den der Drache durch die römisch-katholische Kirche ins Christentum eingeführt hat. Für die Veränderung von Sabbat in Sonntag gibt es keine einzige biblische Autorität, sondern allein die menschliche Autorität von Papst und Konzilien und der Anmaßung Roms, von sich aus das heilige Gesetz Gottes zu verändern, was aber unveränderlich ist so wie Gott selbst. Gott hat die 10 Gebote persönlich niedergeschrieben. Nur er könnte sie ändern, aber kein Mensch.

Die Schrift sagt über Gott, dass er „gestern und heute und derselbe auch in Ewigkeit ist". Genauso unveränderlich ist sein heiliges Gesetz: „Denn wahrlich, ich sage euch: Bis Himmel und Erde vergehen, wird nicht vergehen der kleinste Buchstabe noch ein Tüpfelchen vom Gesetz, bis es alles geschieht." (Matthäus 5, Vers 18) Und doch haben Menschen sein heiliges Gesetz verändert.

Das Malzeichen oder Siegel wird einmal zum Zeichen der Treue werden, was letztlich über das ewige Schicksal eines jeden Menschen entscheiden wird, so wie ursprünglich der Baum der Erkenntnis des Guten und Bösen im Paradies.

„Hier ist Geduld (Standhaftigkeit) der Heiligen! Hier sind, die da halten die Gebote Gottes und den Glauben an Jesus." (Offenbarung 14, Vers 12)

Das prophetische Wort lässt uns wissen, dass es in der Zeit der letzten Auseinandersetzung zwischen Gut und Böse Menschen geben wird, die wie einst die drei Freunde Daniels ihre Knie nicht beugen werden. „Wenn unser Gott, den wir verehren, will, so kann er uns erretten; aus dem glühenden Ofen und aus deiner Hand, o König (Nebukadnezar), kann er erretten. Und wenn er's nicht tun will, so sollst du dennoch wissen, dass wir deinen Gott nicht ehren und das goldene Bild, das du hast aufrichten lassen, nicht anbeten wollen." (Daniel 3, Verse 17.18)

Mit der zweiten Engelsbotschaft und dem lauten Ruf des dritten Engels, der einmal durch die Ausgießung des Spätregens eine gewaltige Vollmacht bekommen wird, stellt Gott das System des Drachen als Täuschung dar. Schonungslos reißt er dem Drachen die Maske vom Gesicht und offenbart sein lügenhaftes Werk der Täuschung. An keiner anderen Stelle in der heiligen Schrift wird Menschen der unvermischte Zorn Gottes mit der Ausgießung der letzten sieben Plagen und der Vernichtung durch Feuer im Endgericht angedroht, wie denen, die das Tier anbeten und sein Malzeichen an Stirn und Hand annehmen.

Es stehen sich dann die falsche und die richtige Anbetung gegenüber. Das Malzeichen des Tieres und das Siegel Gottes. Die

Androhung, nicht mehr kaufen und verkaufen zu können bzw. die Androhung von den letzten sieben Plagen Gottes getroffen zu werden und im Endgericht Gottes den zweiten oder ewigen Tod zu erleiden. Jeder Mensch muss sich dann entscheiden, will er Gott oder den Menschen mehr gehorchen. Bis heute hat noch niemand das Malzeichen des Tieres angenommen, weil die Ereignisse noch zukünftig sind. Gott weist uns in seinem prophetischen Wort aber schon jetzt darauf hin. Wenn in Verbindung mit der Ausgießung des Spätregens durch den lauten Ruf des dritten Engels diese hier geschilderten Wahrheiten mit großer Klarheit verkündigt werden zu einem Zeugnis über alle Völker und sich Menschen dann wider besseren Wissens gegen die Wahrheit Gottes entscheiden, erst dann empfangen sie das Malzeichen des Tieres und werden den unvermischten Zorn Gottes mit den letzten sieben Plagen zu spüren bekommen.

Der Sabbat ist keine jüdische Einrichtung, sondern es ist der Tag unseres Herrn Jesus Christus. Als er ihn bei der Schöpfung einrichtete, gab es noch keine Juden. Er ist und bleibt ein ewiges Zeichen seiner Schöpfer- und seiner Erlöserkraft und alle, die zu ihm gehören, werden diesen Tag ehren. Genauso wie am Beginn der christlichen Gemeinde zu Pfingsten alle Sabbat feierten, so werden auch alle, die am Ende zur Brautgemeinde der Übrigen zählen und das Siegel Gottes empfangen, Sabbat feiern. „Hier ist Geduld (Standhaftigkeit) der Heiligen! Hier sind, die da halten die Gebote Gottes (alle Gebote, auch das Sabbat-Gebot) und den Glauben an Jesus." (Offenbarung 14, Vers 12)

Möge allen, die in protestantischen oder katholischen Lagern aufgewachsen sind, aber ihren Herrn von ganzem Herzen lieben, das Verständnis über diese prophetischen Wahrheiten aufgehen und mögen sie aus Liebe zur Wahrheit den Weg der Treue wählen, entsprechend dem Wort Jesu: „Liebt ihr mich, so werdet ihr meine Gebote halten." (Johannes 14, Vers 15)

„Weil du mein Wort von der Geduld bewahrt hast, will auch ich dich bewahren vor der Stunde der Versuchung, die kommen wird über den ganzen Weltkreis, zu versuchen, die auf Erden wohnen." (Offenbarung 3, Vers 10)

„Und ich hörte eine Stimme vom Himmel zu mir sagen: Schreibe: Selig sind die Toten, die in dem Herrn sterben von nun an. Ja, spricht der Geist, sie sollen ruhen von ihrer Mühsal; denn ihre Werke folgen ihnen nach." (Vers 13)

Hier wird eine der sieben Seligpreisungen in der Offenbarung (Offenbarung 1,3; 16,15; 19,9; 20,6; 22,7.14) über die ausgesprochen, die in dem Wissen der dreifachen Engelsbotschaft gelebt und gewirkt haben, die trotz der Androhungen des Drachens, wie wir sie aus Offenbarung 13 kennen gelernt haben, standhaft und treu geblieben sind, aber den glorreichen Abschluss des Rettungswerkes unseres Herrn nicht miterleben konnten, weil der Tod sie ereilte.

Sie werden entsprechend der Weissagung in Daniel 12, Vers 2, an einer besonderen Auferstehung kurz vor der Wiederkunft Christi teilnehmen, um den herrlichen Sieg der Sache unseres Herrn mitzuerleben.

„Und ich sah, und siehe, eine weiße Wolke. Und auf der Wolke saß einer, der gleich war eines Menschensohn; der hatte eine goldene Krone auf seinem Haupt und in seiner Hand eine scharfe Sichel. Und der auf der Wolke saß, setzte seine Sichel an die Erde und die Erde wurde abgeerntet. Und ein andrer Engel kam aus dem Tempel im Himmel, der hatte ein scharfes Winzermesser. Und der Engel setzte sein Winzermesser an die Erde und schnitt die Trauben am Weinstock der Erde und warf sie in die große Kelter des Zornes Gottes." (Verse 14.16.17.19)

Hier wird uns der wiederkommende Jesus Christus gezeigt, wie er in seiner Herrlichkeit mit all seinen Engeln zur Erde zurückkommt, um eine zweifache Ernte zu halten. Einmal um seine Brautgemeinde in der Stunde der größten Bedrängnis aus Babylon zu befreien und zum anderen die Verächter seiner Wahrheit zu bestrafen.

„Lasst beides miteinander wachsen bis zur Ernte; und um die Erntezeit will ich zu den Schnittern sagen: Sammelt zuerst das

Unkraut und bindet es in Bündel, damit man es verbrenne; aber den Weizen sammelt mir in meine Scheune." (Matthäus 13, Vers 30)

Offenbarung 15

Das Ende der Gnadenzeit

„Und ich sah ein andres Zeichen am Himmel, das war groß und wunderbar: sieben Engel, die hatten die letzten sieben Plagen; denn mit ihnen ist vollendet der Zorn Gottes. Und ich sah, und es war wie ein gläsernes Meer, mit Feuer vermengt; und die den Sieg behalten hatten über das Tier und sein Bild und über die Zahl seines Namens, die standen an dem gläsernen Meer und hatten Gottes Harfen und sangen das Lied des Mose, des Knechtes Gottes, und das Lied des Lammes: Groß und wunderbar sind deine Werke, Herr, allmächtiger Gott! Gerecht und wahrhaftig sind deine Wege, du König der Völker. Wer sollte dich, Herr, nicht fürchten, und deinen Namen nicht preisen? Denn du allein bist heilig! Ja, alle Völker werden kommen und anbeten vor dir, denn deine gerechten Gerichte sind offenbar geworden." (Verse 1 bis 4)

Das andere Zeichen (im Gegensatz zu Offenbarung Kapitel 12), was Johannes nun am Himmel sieht – groß und wundersam – sind die letzten sieben Plagen, mit denen der Zorn Gottes vollendet sein wird. Johannes nennt dieses Zeichen „groß und wundersam" nicht im Sinne von etwas Herrlichem, sondern eher im Sinne von etwas Fremdem. Wenn wir das Jesaja-Wort aus Kapitel 28, Vers 21 mit hinzunehmen, verstehen wir die Szene besser: „Denn der Herr wird sich aufmachen wie am Berge Perazim und toben wie im Tal Gibeon, dass er sein Werk vollbringe, aber fremd ist sein Werk, und dass er seine Tat tue, aber seltsam ist seine Tat!" Nie zuvor in der Menschheitsgeschichte hat der Zorn Gottes Menschen unvermischt mit Gnade getroffen. Zur Zeit der Sintflut gab es noch eine Arche, in der sich Menschen vor dem Gericht Gottes retten konnten. Bei der Zerstörung Sodoms und Gomorras sandte Gott Engel, um Lot und seine Familie zu retten. Als die Römer im Jahre 66 n. Chr. Jerusalem belagerten, zogen sie nach kurzer Zeit unverrichteter Dinge wieder ab. Dies verstanden die damals in Jerusalem lebenden Christen als ein Zeichen, um zu fliehen. Als kurze Zeit später Titus die über dreijährige Belagerung der Stadt Jerusalem wieder aufnahm, befand sich kein gläubiger Christ mehr in der Stadt.

Doch zur Zeit der sieben Plagen wird es zum ersten Mal für uns Menschen keine Gnadenzeit mehr geben. Deshalb spricht die Bibel von dem „unvermischten Zorn Gottes" (Offenbarung 14, Vers 10). Insofern wird der Zorn Gottes, der während der Ausgießung der letzten sieben Plagen Menschen trifft, fremd sein.

Johannes wechselt das Bild und schildert uns im 2. Vers die Schar der Erlösten, wie sie am „gläsernen Meer" stehen. Johannes sieht die Schar derer, die den Warnungsbotschaften der drei Engel aus Offenbarung 14 Beachtung geschenkt und nicht mitgemacht haben bei der Anbetung des Tieres und der Annahme seines Malzeichens (Offenbarung 13, Verse 8, 16 und 17). Obwohl man sie deshalb aus der Gesellschaft ausschloss und ihnen schließlich die Todesstrafe androhte, stehen sie nun am Throne Gottes in der himmlischen Welt sicher und singen das Lied des Mose (2. Mose 15, Verse 1 bis 21). Die Kinder Israel sangen dieses Lied nach dem Durchzug durchs Rote Meer und der wunderbaren Befreiung aus der Knechtschaft Ägyptens.

Die Gläubigen der letzten Generation, die durch das „Blut des Lammes" den Sieg über alle antigöttlichen Kräfte der Endzeit davontragen durften, werden in der Lage sein, ein noch größeres Lied der Erfahrung zu singen, als die Israeliten zur Zeit Moses.

Die erste Engelsbotschaft aus Offenbarung 14, Vers 7 lautet: „Fürchtet Gott und gebt ihm die Ehre ..." Die Gläubigen, die dieser Botschaft vertraut haben, antworten nun in ihrem Lied: „Wer sollte dich, Herr, nicht fürchten und deinen Namen nicht preisen?" (Vers 4)

„Danach sah ich: Es wurde aufgetan der Tempel, die Stiftshütte im Himmel, und aus dem Tempel kamen die sieben Engel, die die sieben Plagen hatten, angetan mit reinem, hellem Leinen und gegürtet um die Brust mit goldenen Gürteln. Und eine der vier Gestalten gab den sieben Engeln sieben goldene Schalen voll vom Zorn Gottes, der da lebt von Ewigkeit zu Ewigkeit. Und der Tempel wurde voll Rauch von der Herrlichkeit Gottes und von seiner Kraft; und niemand konnte in den Tempel gehen, bis die sieben Plagen der sieben Engel vollendet waren." (Verse 5 bis 8)

Bevor die sieben Engel Gottes ihr vernichtendes Werk tun, endet die „Stunde des Gerichts" und Christus spricht die schicksalsschweren Worte aus Offenbarung 22, Vers 11: „Wer Böses tut, der tue weiterhin Böses, und wer unrein ist, der sei weiterhin unrein; aber wer gerecht ist, der übe weiterhin Gerechtigkeit, und wer heilig ist, der sei weiterhin heilig."

Mit diesen Worten ist das Schicksal jedes Menschen endgültig und unwiderruflich entschieden. Christus legt nun seine Kleider als Hoherpriester ab und beendet seinen Mittlerdienst für uns Menschen. Die Gnadenzeit findet hier ihren Abschluss. Johannes sieht das, wie niemand mehr in den Tempel gehen kann (Vers 8).

Bevor die sieben Plagen des Zornes Gottes auf eine unbußfertige Menschheit fallen, versiegelt Christus sein treues Volk nach Offenbarung Kapitel 7 und macht es für die Zeit der sieben Plagen unantastbar.

An den versiegelten Kindern Gottes erfüllt sich der prophetische Psalm 91. „Wer unter dem Schirm des Höchsten sitzt und unter dem Schatten des Allmächtigen bleibt, der spricht zu dem Herrn: Meine Zuversicht und meine Burg, mein Gott, auf den ich hoffe. Er wird dich mit seinen Fittichen decken, und Zuflucht wirst du haben unter seinen Flügeln. Seine Wahrheit ist Schirm und Schild. Wenn auch tausend fallen zu deiner Seite und zehntausend zu deiner Rechten, so wird es doch dich nicht treffen. Ja, du wirst es mit eigenen Augen sehen und schauen, wie den Gottlosen vergolten wird. Es wird dir kein Übel begegnen und keine Plage wird sich deinem Hause nahen. Denn er hat seinen Engeln befohlen, dass sie dich behüten auf allen deinen Wegen, dass sie dich auf den Händen tragen und du deinen Fuß nicht an einen Stein stoßest." (Verse 1.2.4.7.8.10-12)

Mögen wir die prophetischen Botschaften des Herrn Jesu an seine Gemeinde der Übrigen besonders aus den Büchern Daniel und Offenbarung heute zu Herzen nehmen, um in der angenehmen Zeit der Gnade unser Leben Jesus Christus zu übergeben und es von ihm heiligen und verändern zu lassen.

Paulus spricht im 2. Korinther-Brief, Kapitel 11, Vers 2, davon, dass er die Gläubigen einem einzigen Manne, Christus, als eine reine Jungfrau zuführen will. Und an anderer Stelle sieht er die Endzeitgemeinde als eine Gemeinde, die ohne Flecken und Runzeln sein wird. Wie soll das möglich sein?

„Zur selben Zeit und in jenen Tagen wird man die Missetat Israels suchen, spricht der Herr, aber es wird keine da sein, und die Sünden Judas, aber es wird keine gefunden werden; denn ich will sie vergeben denen, die ich übrig bleiben lasse." (Jeremia 50, Vers 20)

Rein und heilig wird Gottes Volk immer nur dadurch, dass es in vollem Maße die Vergebung seiner Sünden empfängt. Das letzte Volk der Übrigen wird es mit dem Aufruf zur Buße, zur Umkehr, zur Heiligung und zur Veränderung ernster nehmen als frühere Generationen. Nur so wird Christus bei seiner Wiederkunft eine Brautgemeinde vorfinden, die tatsächlich ohne Flecken und Runzeln sein wird. „… denn ich will vergeben denen, die ich übrig bleiben lasse."

Offenbarung 16

Die sieben letzten Plagen

„Und ich hörte eine große Stimme aus dem Tempel, die sprach zu den sieben Engeln: Geht hin und gießt aus die sieben Schalen des Zornes Gottes auf die Erde! Und der erste ging hin und goss seine Schale auf die Erde; und es entstand ein böses und schlimmes Geschwür an den Menschen, die das Zeichen des Tieres hatten und die sein Bild anbeteten." (Verse 1 und 2)

Die große Stimme aus dem Tempel, die nun den sieben Engeln den Auftrag gibt, sieben Schalen des Zornes Gottes auf die Erde zu gießen, ist die Stimme Gottes des Allmächtigen. So wie es der laute Ruf des dritten Engels aus Offenbarung 14 angekündigt hat, treffen die sieben Plagen Gottes diejenigen, die das Malzeichen des Tieres angenommen und sein Bild angebetet haben.

Zeitlich werden die sieben Plagen nach dem Ende der Gnadenzeit kommen – also kurz vor der Wiederkunft Jesu. Offenbarung 18, Vers 8: „Darum werden ihre Plagen an einem Tag kommen, Tod, Leid und Hunger, und mit Feuer wird sie verbrannt werden; denn stark ist Gott der Herr, der sie richtet." Wenn wir davon ausgehen, dass der „eine Tag" eine prophetische Zeitangabe ist und ein Jahr bedeutet, wird die Zeit der sieben Plagen etwa ein Jahr andauern.

Offensichtlich werden die Plagen eine nach der anderen kommen. Das ergibt sich auch aus der Tatsache, dass zur Zeit der fünften Plage die Menschen noch unter den Schmerzen der ersten Plage zu leiden haben (Vers 11). In mancherlei Hinsicht ähneln die letzten sieben Plagen Gottes denen, die einmal Ägypten trafen (2. Mose, Kapitel 5 bis Kapitel 12), nur mit dem Unterschied, dass diesmal nicht nur ein Volk, sondern die ganze Menschheit betroffen sein wird.

Die sieben letzten Plagen machen offenbar:

• Die letzte Autorität im Himmel wie auf Erden besitzt Gott, und niemand kann ihm widerstehen.

• Es wird einen völligen Zusammenbruch aller menschlichen Systeme der Auflehnung gegen Gott geben.

• Es wird eine wunderbare Befreiung für alle diejenigen geben, die standhaft festhalten am Glauben Jesu und an seinen Geboten.

Im Verlauf der Plagen müssen die Menschen ihren fatalen Irrtum erkennen, dass sie von ihren religiösen und politischen Führern betrogen wurden und vergebens gegen Gott gekämpft haben. Doch führt diese späte Erkenntnis nicht mehr zur Buße, sondern nur noch zur Verzweiflung. In den Versen 9 und 21 heißt es: „... und lästerten den Namen Gottes, der Macht hat über diese Plagen, und bekehrten sich nicht, ihm die Ehre zu geben ... und die Menschen lästerten Gott wegen der Plage des Hagels, denn diese Plage ist sehr groß."

Die Gnadenzeit endet bekanntlich vor der Ausgießung der letzten sieben Plagen. Der Heilige Geist wirkt also nicht mehr an den Herzen der Menschen.

Die Zeit der Plagen, die ohne Gnade die Menschheit treffen werden, ist eine so schlimme Zeit, wie wir sie uns heute nicht ausmalen können: „Denn es wird eine Zeit so großer Trübsal sein, wie sie nie gewesen ist, seitdem es Menschen gibt, bis zu jener Zeit." (Daniel 12, Vers 1)

Gott wird in dieser Zeit sein versiegeltes, noch auf Erden lebendes Volk bewahren, wie der prophetische Psalm 91 bestätigt.

„Geh hin, mein Volk, in deine Kammer und schließ die Tür hinter dir zu! Verbirg dich einen kleinen Augenblick, bis der

Zorn vorübergehe. Denn siehe, der Herr wird ausgehen von seinem Ort, heimzusuchen die Bosheit der Bewohner der Erde." (Jesaja 26, Verse 20 und 21)

Die erste Plage ist ein schmerzhaftes Geschwür, was alle Menschen empfangen, die das Malzeichen des Tieres angenommen haben. Keine ärztliche Kunst und auch nicht die Zauberkunst okkulter Mächte können diesmal helfen.

„Und der zweite Engel goss aus seine Schale ins Meer; und es wurde Blut wie von einem Toten, und alle lebendigen Wesen im Meer starben. Und der dritte Engel goss aus seine Schale in die Wasserströme und in die Wasserquellen; und sie wurden zu Blut. Und ich hörte den Engel der Wasser sagen: Gerecht bist du, der du bist und der du warst, du Heiliger, dass du dieses Urteil gesprochen hast; denn sie haben das Blut der Heiligen und der Propheten vergossen, und Blut hast du ihnen zu trinken gegeben; sie sind's wert. Und ich hörte den Altar sagen: Ja, Herr, allmächtiger Gott, deine Gerichte sind wahrhaftig und gerecht." (Verse 3 bis 7)

Ähnlich wie zur Zeit der Sintflut, als Noah für 120 Jahre den vorsintflutlichen Menschen predigte, dass eine Flut kommen würde, wenn sie ihren Weg der Auflehnung gegen Gottes Gesetz nicht aufgeben, wird es sich wiederholen. Mit den sieben letzten Plagen erfüllt Gott das, was er in der dritten Engelsbotschaft aus Offenbarung 14, Vers 9-11 über lange Zeit der Menschheit angekündigt hat. Leider haben die meisten Menschen damals wie heute Gottes Wort nicht ernst genommen. Viele Menschen, die infolge der machtvollen Verkündigung der dreifachen Engelsbotschaft beunruhigt waren, wurden von ihren religiösen Führern mit den Worten irregeführt: „... es ist Friede, es hat keine Gefahr ... doch dann wird sie das Verderben schnell überfallen ..." (1. Thessalonicherbrief 5, Vers 3)

Die Menschen werden zu spät erkennen, dass sie betrogen wurden. Jeder, der aus Furcht vor dem Spott seiner Familie oder seiner Arbeitskollegen oder aus Furcht vor dem Verlust seiner Arbeit wider besseres Wissen das Malzeichen des Tieres angenommen hat und sich damit gegen das Siegel Gottes entschied, wird nun die Folgen seiner Entscheidung tragen müssen. Zu dem schmerzhaften Geschwür der ersten Plage folgen mit der zweiten und dritten Plage seltsame Veränderungen in der Natur. Das Meer und alle Wasservorräte der Menschen werden zu Blut. So wie damals, als Gott Ägypten mit Plagen heimsuchte und das Volk Israel nicht davon betroffen war, so wird Gott auch in der Zeit der sieben Plagen für sein Volk der Treuen eine Zuflucht schaffen. „Die Elenden und Armen suchen Wasser und es ist nichts da, ihre Zunge verdorrt vor Durst. Aber ich, der Herr, will sie erhören, ich, der Gott Israels, will sie nicht verlassen. Ich will Wasserbäche auf den Höhen öffnen und Quellen mitten auf den Feldern und will die Wüste zu Wasserstellen machen und das dürre Land zu Wasserquellen." (Jesaja 41, Verse 17 und 18) „Der wird in der Höhe wohnen, und Felsen werden seine Feste und Schutz sein. Sein Brot wird ihm gegeben, sein Wasser hat er gewiss." (Jesaja 33, Vers 16)

„Und der vierte Engel goss aus seine Schale über die Sonne, und es wurde ihr Macht gegeben, die Menschen zu versengen mit Feuer. Und die Menschen wurden versengt von der großen Hitze und lästerten den Namen Gottes, der Macht hat über diese Plagen, und bekehrten sich nicht, ihm die Ehre zu geben." (Verse 8.9)

Unter der vierten Plage, die der Menschheit eine furchtbare Hitzewelle beschert mit der Folge von Durst und Hunger, erkennen die Menschen nun, dass die Plagen von Gott kommen. Die Menschen empfinden nicht nur einen Hunger nach Nahrung und Durst nach Wasser, sondern auch nach Gottes Wort.

Die Türen zum Thron der Gnade sind verschlossen, denn die angenehme Zeit ist vorbei. Die Menschen empfinden keine wahre Reue über ihre Sünden, sondern es ist ihre Verzweiflung, die sie antreibt nach Wegen zu suchen, um allgemein von den furchtbaren Folgen dieser Plagen befreit zu werden. In dieser Zeit der Verzweiflung verführt sie der Feind zu der Annahme, dass jene Menschen, die das Malzeichen des Tieres nicht ange-

147

nommen haben, sondern festhielten am Sabbat und an den übrigen Geboten der Bibel Schuld an den Plagen seien. Die allgemeine Volksmeinung, die bisher vor dem Äußersten noch zurückschreckte, wird nun bereit, über jene das Todesurteil zu fällen, die eben anders sind.

„Und der fünfte Engel goss aus seine Schale auf den Thron des Tieres; und sein Reich wurde verfinstert, und die Menschen zerbissen ihre Zungen vor Schmerzen und lästerten Gott im Himmel wegen ihrer Schmerzen und wegen ihrer Geschwüre und bekehrten sich nicht von ihren Werken." (Verse 10 und 11)

Die fünfte Plage trifft vor allem das Hauptquartier des Tieres in seiner angepassten religiösen und politischen Führungsrolle in Bezug auf die gesamte Menschheit.

Auch damals in Ägypten gab es eine tatsächliche Finsternis mit den Folgen von Kälte und Angst. Dies wird die Menschen um so schmerzhafter treffen, unmittelbar nach der Zeit der furchtbaren Hitze unter der vierten Plage, denn die Menschen zerbeißen sich vor Schmerzen ihre Zungen und dennoch lästern sie Gott im Himmel.

„Und der sechste Engel goss aus seine Schale auf den großen Strom Euphrat; und sein Wasser trocknete aus, damit der Weg bereitet würde den Königen vom Aufgang der Sonne." (Vers 12)

Die Auswirkungen der fünften Plage erkennen wir besonders unter der sechsten Plage. Die Tatsache, dass die fünfte Plage vor allem die religiösen Führer und das ganze System Babylons trifft, bleibt den Augen des Volkes nicht verborgen. Babylon verliert unter der sechsten Plage seine Anhänger. In der bildhaften Sprache der Prophetie bedeuten „die Wasser" Völker. (Offenbarung 17, Vers 15) Das „Vertrocknen des großen Wasserstroms Euphrat" bedeutet, dass Babylon seine Anhänger weglaufen, weil die Menschen begreifen, dass sie verführt wurden. Es ist immer schlecht, wenn der Arzt selbst krank wird.

Die „Könige vom Aufgang der Sonne" sind ein Symbol für Christus, der in der dunkelsten Stunde der Menschheitsgeschichte wiederkommen wird, um sein bedrängtes Volk aus

Babylon zu befreien. Ähnlich wie der Perserkönig Kyrus, der durch ein Umleiten des Flussbettes den Strom Euphrat austrocknen ließ, und in die damals uneinnehmbare Stadt Babylon genau zu der von Jeremia vorhergesagten Zeit (nach 70 Jahren der Gefangenschaft) eindrang, um das Volk Israel zu befreien.

„Und ich sah aus dem Rachen des Drachen und aus dem Rachen des Tieres und aus dem Munde des falschen Propheten drei unreine Geister kommen, gleich Fröschen; es sind Geister von Teufeln, die tun Zeichen und gehen aus zu den Königen der ganzen Welt, sie zu versammeln zum Kampf am großen Tag Gottes, des Allmächtigen. Siehe, ich komme wie ein Dieb. Selig ist, der da wacht und seine Kleider bewahrt, dass er nicht nackt gehe und man seine Blöße sehe. Und er versammelte sie an einen Ort, der heißt auf hebräisch Harmagedon." (Verse 13 bis 16)

Bis zu dieser Zeit hat Satan durch seine menschlichen Werkzeuge nahezu die gesamte Menschheit unter seine Herrschaft vereint, abgesehen von der kleinen Gruppe der Übrigen, die ihm bisher widerstanden hat.

Nun beginnen mit den Ereignissen der fünften und sechsten Plage dem Feind seine Anhänger wegzulaufen. Der Teufel übt jetzt keine Zurückhaltung mehr. Er lässt seine Maske fallen und setzt alle teuflische Macht ein, um in der letzten Auseinandersetzung sieghaft zu bleiben. Der Drache sendet – wie in den Versen 13 und 14 beschrieben – Teufelsgeister zu den Führern der Menschheit, die angesichts der zunehmenden Katastrophen und Plagen immer ratloser und hilfloser werden. In dieser Zeit weltweiter Krisen schwindet Fairness, Vernunft und Rechtmäßigkeit. Die Menschheit, die seit der Beendigung der Gnadenzeit ohne Leitung des Heiligen Geistes völlig hilflos gegenüber den Machenschaften Satans geworden ist, wird nun bereit, auch seinen letzten Täuschungen zu vertrauen.

Wie schon so oft in der Geschichte unserer Menschheit mussten angesichts von Krisen und Naturkatastrophen Schuldige her. Die Menschheit ist gespalten. Der weitaus größte Teil der Menschheit ist dem Tier gefolgt. „Und alle, die auf Erden wohnen, beten es an, deren Namen nicht vom Anfang der Welt an geschrieben stehen in dem Lebensbuch des Lammes, das geschlachtet ist." (Offenbarung 13, Vers 8)

Nur die kleine Schar der Übrigen war nicht bereit, sich der Macht des Tieres zu beugen. „Hier ist Geduld (Standhaftigkeit) der Heiligen! Hier sind, die da halten die Gebote Gottes und den Glauben an Jesus!" (Offenbarung 14, Vers 12)

Die „Teufelsgeister" machen jetzt diese „Andersgläubigen" für die Katastrophen verantwortlich.

Wir haben Grund anzunehmen, dass in dieser Zeit der Teufel sein letztes Schauspiel vollführen wird und die Wiederkunft Christi nachahmt. „... denn er selbst, der Satan, verstellt sich als Engel des Lichts." (2. Korinther 11, Vers 14)

Die geplagte Menschheit wird dieses strahlende Engelwesen als Gottes Sohn anbeten. Der falsche Christus wird die segnen, die Gottes Gesetz verworfen haben. Als nächsten Schritt beschließt die Menschheit, sich der verhassten Sekte der Andersgläubigen zu entledigen. Man wird einen Tag festsetzen, an dem diese Menschen als Freiwild erklärt werden und man sie umbringen darf. Auch hierfür gibt es im Alten Testament ein Vorbild. Zur Zeit der Königin Esther gelang es dem Judenhasser Haman beim König Ahaspheros ein Dekret zu erlangen, dass zu einer bestimmten Zeit alle Juden im Weltreich umgebracht werden sollten. Wir wissen, wie die Geschichte endete, nicht die Juden, sondern der Judenhasser Haman starb am Galgen.

Die Schlacht von Harmagedon wird keine politisch-militärische, sondern eine geistliche Schlacht sein. Die einzige Bastion, die dem Drachen bisher erfolgreich widerstanden hat, ist das Volk der Übrigen. Es wäre sein Triumph, wenn dieses Volk vernichtet werden könnte. Die Schlacht von Harmagedon ist der letzte Angriff des Drachen mit seinem gesamten Heer gegen Christus und seine Gemeinde.

„Die werden gegen das Lamm kämpfen und das Lamm wird sie überwinden, denn es ist der Herr aller Herren und der König aller Könige, und die mit ihm sind, sind die Berufenen und Auserwählten und Gläubigen." (Offenbarung 17, Vers 14) „Und ich sah das Tier und die Könige auf Erden und ihre Heere versammelt, Krieg zu führen mit dem, der auf dem Pferd saß und mit seinem Heer." (Offenbarung 19, Vers 19)

Doch in der Zeit der höchsten Gefahr kommt der wahre Christus wieder und beendet diesen Kampf siegreich für sein Volk.

„Zu jener Zeit wird Michael, der große Engelfürst, der für dein Volk eintritt, sich aufmachen. Denn es wird eine Zeit so großer Trübsal sein, wie sie nie gewesen ist, seitdem es Menschen gibt, bis zu jener Zeit. Aber zu jener Zeit wird dein Volk errettet werden, alle, die im Buch geschrieben stehen." (Daniel 12, Vers 1)

„Und der siebente Engel goss aus seine Schale in die Luft; und es kam eine große Stimme aus dem Tempel vom Thron, die sprach: Es ist geschehen! Und es geschahen Blitze und Stimmen und Donner; und es geschah ein großes Erdbeben, wie es noch nicht gewesen ist, seit Menschen auf Erden sind – ein solches Erdbeben, so groß. Und aus der großen Stadt wurden drei Teile, und die Städte der Heiden stürzten ein. Und Babylon, der großen, wurde gedacht vor Gott, dass ihr gegeben werde der Kelch mit dem Wein seines grimmigen Zorns. Und alle Inseln verschwanden, und die Berge wurden nicht mehr gefunden. Und ein großer Hagel wie Zentnergewichte fiel vom Himmel auf die Menschen; und die Menschen lästerten Gott wegen der Plage des Hagels, denn diese Plage ist sehr groß." (Verse 17 bis 21)

Unter der siebten Plage hört Johannes die Stimme des Allmächtigen sagen: „Es ist geschehen!" Mit diesem Wort beendet Gott das Geheimnis der Bosheit. Babylon hat unter der sechsten Plage auf Anraten von Teufelsgeistern den weltweit gültigen Erlass ergehen lassen, das Volk der Übrigen umzubringen. Zu jener Zeit, wo sich böse Menschen überall auf unserer Erde unter Jubelrufen aufmachen, um Gottes Volk zu vernichten, gebietet Gott dem Bösen Einhalt und der wiederkommende Christus befreit sein treues Volk. Die Zeit der Angst in Jakob ist vorbei.

151

Naturkatastrophen von nie gekanntem Ausmaß, wie Erdbeben, Feuersbrünste und Hagel wie Zentnerstücke zerstören die stolzen Bauwerke der Menschen und lassen die Natur ins Chaos versinken.

„Und Babylon, der großen, wurde gedacht vor Gott, dass ihr gegeben werde der Kelch mit dem Wein seines grimmigen Zorns." Die Menschen, die eben noch über Gottes Volk herfallen wollten, wenden sich nun gegen ihre eigenen Führer. Sie erkennen, dass man sie betrogen hat, und ihr ganzer Hass wendet sich nun gegen sie. Das stolze Babylon zerbricht. „Und die zehn Hörner, die du gesehen hast, und das Tier, die werden die Hure hassen und werden sie ausplündern und entblößen und werden ihr Fleisch essen und werden sie mit Feuer verbrennen." (Offenbarung 17, Vers 16)

Die Ausführung des göttlichen Strafgerichtes an Babylon übernehmen die eigenen Anhänger. Jeder steht gegen jeden. Ähnlich wie in der französischen Revolution verwandeln sich die Leidenschaften der Menschen in einen unbändigen Hass und der wiederum richtet ein furchtbares Blutbad an. Eine detailliertere Darstellung dieser furchtbaren Ereignisse finden wir in Offenbarung 19, Verse 11 bis 21. „Und das Tier wurde ergriffen und mit ihm der falsche Prophet, der vor seinen Augen die Zeichen getan hatte, durch welche er die verführte, die das Zeichen des Tieres angenommen und das Bild des Tieres angebetet hatten. Lebendig wurden diese beiden in den feurigen Pfuhl geworfen, der mit Schwefel brannte. Und die andern wurden erschlagen mit dem Schwert, das aus dem Munde dessen ging, der auf dem Pferd saß. Und alle Vögel wurden satt von ihrem Fleisch." (Offenbarung 19, Verse 20 und 21)

Die kurzzeitige weltweite Vereinigung aller religiösen und politischen Mächte, wie sie dem Drachen unter der sechsten Plage gelingt, zerfällt nun unter Gottes Gericht während der siebten Plage völlig im Chaos. „Und die zehn Hörner, die du gesehen hast, das sind zehn Könige, die ihr Reich noch nicht empfangen haben; aber wie Könige werden sie für eine Stunde Macht emp-

fangen zusammen mit dem Tier." (Offenbarung 17, V(
Prophetisch würde eine Stunde etwa 14 Tage bedeuten.

Die hier dargestellten dramatischen Ereignisse im prophetischen Wort beziehen sich auf die allerletzte Zeit, die noch zukünftig ist. Noch nicht erfüllte Prophetie birgt stets die Gefahr in sich, menschlichen Spekulationen zu erliegen. Gott hat uns sein prophetisches Wort nach dem Grundsatz gegeben: „Und jetzt habe ich's euch gesagt, ehe es geschieht, damit ihr glaubt, wenn es nun geschehen wird." (Johannes 13, Vers 19 und Kapitel 14, Vers 29) Das heißt, erst wenn sich die prophetisch angekündigten Ereignisse vor unseren Augen erfüllen, werden wir sie richtig verstehen.

Da für uns, die wir am Ende der Zeiten leben, der größte Teil des prophetischen Wortes sich bereits erfüllt hat, dürfen wir zuversichtlich sein, dass auch der kleine noch nicht erfüllte Teil sich zu seiner Zeit erfüllen wird. Mit dem Wissen des bereits erfüllten Teils dürfen wir im Glauben auch den letzten Teil der Ereignisse im Ablauf des Heilsplanes erahnen. Das alles sollte uns niemals stolz oder überheblich werden lassen, sondern demütig und wachsam, dass wir durch die Gnade Gottes stark und treu werden, um diese furchtbare Zeit bestehen zu können.

Offenbarung 17

Die Hure Babylon

„Und es kam einer von den sieben Engeln, die die sieben Schalen hatten, redete mit mir und sprach: Komm, ich will dir zeigen das Gericht über die große Hure, die an vielen Wassern sitzt, mit der die Könige auf Erden Hurerei getrieben haben; und die auf Erden wohnen, sind betrunken geworden von dem Wein ihrer Hurerei." (Verse 1 und 2)

In Kapitel 17 wird Johannes durch einen der sieben Engel, die die sieben Schalen des Zornes Gottes haben, eine weitere Erklärung über das Gericht Gottes an Babylon gegeben. Insofern ergänzt Kapitel 17 die Ereignisse, wie sie unter der sechsten und der siebten Plage geschehen.

Das Bild der großen Hure Babylon, „die an vielen Wassern sitzt", ist ein Ausdruck ihrer Macht über viele Völker. Vers 2 stellt dar, wie die Könige der Erde der Hure Babylon ihre Autorität und ihre Macht zur Verfügung stellen. Wir erinnern uns, wie es dem Drachen unter der sechsten Plage gelingt, durch die Aussendung von Teufelsgeistern zu den Führern der ganzen Menschheit diese wenigstens kurzzeitig unter seiner Weltregierung zu vereinen, mit dem Ziel, Gottes Volk der Endzeit endgültig zu vernichten.

Der Hinweis, dass die Könige der Erde trunken geworden sind von dem Wein der Unzucht Babylons, weist darauf hin, dass Vernunft, Einsicht und Fairness in dieser letzten Weltregierung, wie sie offensichtlich unter dem Druck weltweiter Katastrophen zustande kommt, verloren gehen. Wenn Teufelsgeister mit okkulten Zeichen und Wundern den Verstand der religiösen und politischen Führer der Menschheit beherrschen, ohne dass Gottes Geist dem Irrtum wehrt, dann können wir erahnen, welche Politik dabei herauskommt.

Die kurzzeitige neue Weltregierung, die unter der sechsten Plage zustande kommt, schildert uns Offenbarung 17, Vers 12: „Und die zehn Hörner, die du gesehen hast, das sind zehn Könige, die ihr Reich noch nicht empfangen haben; aber wie Könige werden sie für eine Stunde Macht empfangen zusammen mit dem Tier."

Wir wissen, dass die Schlacht von Harmagedon nicht ein Kriegsschauplatz im Vorderen Orient sein wird, sondern der mit Zustimmung der religiösen und politischen Führer der ganzen Menschheit beschlossene Plan, die Gemeinde der Übrigen mit den versiegelten Treuen Gottes endgültig zu vernichten. Das wäre Satans größter Triumph. Denn zur Zeit der letzten Plagen nach dem Ende der Gnadenzeit Gottes, wo es für keinen Menschen mehr eine Umkehrmöglichkeit gibt, hat der Drache zum ersten Mal alle Menschen unter seiner Führung vereint, bis auf die kleine Gruppe der Übrigen, die bisher standhaft an den Geboten Gottes und am Glauben Jesu festhielt. Nun, unter dem Eindruck der furchtbaren letzten Plagen, gelingt es dem Drachen durch Täuschung, die Führer der Menschheit davon zu überzeugen, dass diese Andersgläubigen Schuld am Zorne Gottes sind und dass es keinen anderen Weg gibt, als sie zu töten, um so Gottes Zorn zu besänftigen und den Plagen ein Ende zu machen. Gelänge ihm das, hätte er tatsächlich die gesamte noch lebende Menschheit hinter sich. Doch hier greift Gott ein.

Unter der siebten Plage muss die Menschheit die Stimme des Allmächtigen hören: „Es ist geschehen." (Offenbarung 16, Vers 17) Dreimal finden wir dieses Wort Gottes in der Heiligen Schrift und immer kündigt es den endgültigen Sieg seiner Sache an. Am Kreuz von Golgatha stirbt Christus mit dem Wort: „Es ist vollbracht." Hier nun unter der siebten Plage beendet Gott das Geheimnis der Bosheit mit einem ähnlichen Wort und befreit sein treues Volk auf Erden. Im Kapitel 21 der Offenbarung wird der Bericht über den neuen Himmel und die neue Erde mit dem selben Wort beendet: „Es ist geschehen." (Offenbarung 21, Vers 6) Damit ist die Weltzeit der Sünde endgültig beendet und darf die Ewigkeit nicht mehr stören. Gottes Sache hat den vollkommenen Sieg erlangt.

„Und er brachte mich im Geist in die Wüste. Und ich sah eine Frau auf einem scharlachroten Tier sitzen, das war voll lästerlicher Namen und hatte sieben Häupter und zehn Hörner. Und die Frau war bekleidet mit Purpur und Scharlach und geschmückt mit Gold und Edelsteinen und Perlen und hatte einen goldenen Becher in der Hand, voll von Gräuel und Unreinheit ihrer Hurerei, und auf ihrer Stirn war geschrieben ein Name, ein Geheimnis: Das große Babylon, die Mutter der Hurerei und aller Gräuel auf Erden. Und ich sah die Frau, betrunken von dem Blut der Heiligen und von dem Blut der Zeugen Jesu. Und ich wunderte mich sehr, als ich sie sah." (Verse 3 bis 6)

Einer der sieben Engel, der die Macht über die letzten sieben Plagen Gottes hat, der Johannes weitere Einzelheiten über Gottes Gericht an Babylon mitteilen soll, bringt Johannes „im Geist in die Wüste". Die Wüste ist eine für uns Menschen wenig einladende Gegend, wo es Mangel an Nahrung, Wasser und Schutz vor den Elementen der Natur gibt. Im übertragenen Sinne ein treffendes Bild für die Situation von Gottes Volk in der allerletzten Zeit. Das Bild der Hure, die auf dem scharlachfarbenen Tier mit lästerlichem Namen sitzt und wie eine Königin gekleidet ist, soll die abgefallene Gemeinde in ihrer Vereinigung mit der Macht des Staates darstellen.

In diesem letzten Kampf zwischen Gut und Böse wird Babylon die Große, des Drachens letzten Versuch ausführen, die Vereinigung der gesamten menschlichen Rasse durch eine falsche Religion zu sichern, in dessen Mittelpunkt die Anbetung seiner Person steht.

„Und der Engel sprach zu mir: Warum wunderst du dich? Ich will dir sagen das Geheimnis der Frau und des Tieres, das sie trägt und hat sieben Häupter und zehn Hörner. Das Tier, das du gesehen hast, ist gewesen und ist jetzt nicht und wird wieder aufsteigen aus dem Abgrund und wird in die Verdammnis fahren. Und es werden sich wundern, die auf Erden wohnen, deren Namen nicht geschrieben stehen im Buch des Lebens vom Anfang der Welt an, wenn sie das Tier sehen, dass es gewesen ist und jetzt nicht ist und wieder sein wird. Hier ist Sinn, zu dem Weisheit gehört!" (Verse 7 bis 9)

Johannes ist über diese symbolische Vision der Hure Babylon mit ihren verschiedenen Verzweigungen höchst verwundert. Der himmlische Bote aus dem Kreis der Engel, die die sieben letzten Plagen über eine unbußfertige Menschheit ausgießen, wurde von Gott beauftragt, Johannes das Gericht über die Hure Babylon näher zu erläutern. Der Engel gibt nun eine weitere Identifikation Babylons. „Das Tier, das du gesehen hast, ist gewesen und ist nicht und wird wieder emporsteigen aus dem Abgrund ..." Im Blick auf die Zeit, auf die sich das Kapitel 17 bezieht, nämlich auf die Zeit der sechsten und siebten Plage, hat das Papsttum schon eine lange Zeit seiner Macht erlebt (ist gewesen) und hat im Jahre 1798 seine tödliche Wunde erhalten (ist nicht) und steht nun im Begriff in der letzten großen religiös-politischen Vereinigung unter der sechsten Plage den Höhepunkt seiner Macht zu erklimmen (und wird wieder emporsteigen).

Der Engel fährt mit seiner Erklärung fort: „Fünf sind gefallen; einer ist da, der andre ist noch nicht gekommen; und wenn er kommt, muss er eine kleine Zeit bleiben. Und das Tier, das gewesen ist und jetzt nicht ist, das ist der achte und ist einer von den sieben und fährt in die Verdammnis. Und die zehn Hörner, die du gesehen hast, das sind zehn Könige, die ihr Reich noch nicht empfangen haben; aber wie Könige werden sie für eine Stunde Macht empfangen zusammen mit dem Tier. Diese sind eines Sinnes und geben ihre Kraft und Macht dem Tier." (Verse 10 bis 13)

157

Vers 10 schildert mit anderen Worten die gleiche Situation wie Vers 8. „Fünf sind gefallen." Gemeint sind die vier Weltreiche Babylon, Medo-Persien, Griechenland, Rom und das päpstliche Rom. „Einer ist" schildert den Zustand des päpstlichen Roms nach der tödlichen Wunde von 1798. „Der andere ist noch nicht gekommen; und wenn er kommt, muss er eine kleine Zeit bleiben" schildert das Aufsteigen des Papsttums in der letzten religiös-politischen Vereinigung zu seiner größten Machtentfaltung unter der sechsten Plage.

„Und das Tier, das gewesen ist und nicht ist, das ist der achte" stellt diese unter der Leitung von Teufelsgeistern zustande kommende letzte Weltregierung dar, so wie es auch der Vers 12 ausführt: „Das sind zehn Könige, die ihr Reich noch nicht empfangen haben; aber wie Könige werden sie für eine Stunde Macht empfangen zusammen mit dem Tier."

Obwohl diese religiös-politische Weltregierung unter der Leitung des Drachen mit dem Ziel zustande kommt, Gottes Volk der Übrigen umzubringen, um dadurch Gottes Zorn zu besänftigen und den Plagen Einhalt zu gebieten, bricht diese religiöspolitische Vereinigung schon nach kurzer Zeit zusammen, weil durch das Eingreifen Gottes – „es ist geschehen" (Offenbarung 16, Vers 17) – die Bewohner der Erde den Betrug Babylons entdecken. Die Geführten fallen nun in unbändigem Hass über ihre Führer her.

„Und die zehn Hörner, die du gesehen hast, und das Tier, die werden die Hure hassen und werden sie ausplündern und entblößen und werden ihr Fleisch essen und werden sie mit Feuer verbrennen." (Vers 16) Nicht Gott vollführt das letzte Gericht an der Hure Babylon, sondern ihre eigenen, getäuschten und verzweifelten Untertanen werden es tun.

„Denn Gott hat's ihnen in ihr Herz gegeben, nach seinem Sinn zu handeln und eines Sinnes zu werden und ihr Reich dem Tier zu geben, bis vollendet werden die Worte Gottes. Und die Frau, die du gesehen hast, ist die große Stadt, die die Herrschaft hat über die Könige auf Erden." (Verse 17 und 18)

Zu spät werden die Menschen begreifen, wie sinnlos es ist, gegen Gott zu streiten.

Mögen wir die Zusammenhänge des göttlichen Wortes heute begreifen und seine Botschaft persönlich annehmen und ihr Folge leisten: „Geht hinaus aus ihr, mein Volk, dass ihr nicht teilhabt an ihren Sünden und nichts empfangt von ihren Plagen!" (Offenbarung 18, Vers 4)

Offenbarung 18

Gottes letzte Einladung
vor dem Untergang Babylons

„Danach sah ich einen andern Engel herniederfahren vom Himmel, der hatte große Macht, und die Erde wurde erleuchtet von seinem Glanz. Und er rief mit mächtiger Stimme: Sie ist gefallen, sie ist gefallen, Babylon, die Große, und ist eine Behausung der Teufel geworden und ein Gefängnis aller unreinen Geister und ein Gefängnis aller unreinen Vögel und ein Gefängnis aller unreinen und verhassten Tiere. Denn von dem Zorneswein ihrer Hurerei haben alle Völker getrunken, und die Könige auf Erden haben mit ihr Hurerei getrieben, und die Kaufleute auf Erden sind reich geworden von ihrer großen Üppigkeit. Und ich hörte eine andre Stimme vom Himmel, die sprach: Geht hinaus aus ihr, mein Volk, dass ihr nicht teilhabt an ihren Sünden und nichts empfangt von ihren Plagen!" (Verse 1 bis 4)

Das prophetische Wort folgt dem Grundsatz „Wiederholung und Ausweitung". Der Hinweis in Vers 1: „Danach sah ich ..." bedeutet nicht, dass die in Kapitel 18 geschilderten Abläufe zeitlich nach den Ereignissen der Kapitel 16 und 17 folgen, sondern weist nur darauf hin, dass Johannes die Vision des Kapitel 18 erst nach denen der Kapitel 16 und 17 empfängt.

Johannes sieht einen anderen machtvollen Engel direkt aus dem Thronraum des Universums kommend auf unsere Erde fliegen. Dieser Engel hat eine sehr wichtige Botschaft. Es ist der letzte Aufruf der Gnade Gottes an diese Menschheit, verbunden mit der Ankündigung des unmittelbar bevorstehenden Gerichts über Babylon mit der Ausgießung der letzten sieben Plagen Gottes. Das heißt, zeitlich gehört der erste Teil des Kapitel 18 noch vor die Ereignisse, wie sie in den Kapiteln 16 und 17 geschildert werden.

Der machtvolle Engel aus Kapitel 18 vereinigt sich mit dem zweiten Engel aus Offenbarung 14, Vers 8 und sorgt dafür, dass die Botschaft „Babylon ist gefallen" zu einem lauten Ruf wird. Der Hinweis, dass dieser Engel seine Botschaft „mit lauter Stimme schrie" und dass die ganze Erde von seinem Glanz erleuchtet war, weist darauf hin, dass Gott durch die Ausgießung des Spätregens dafür sorgen wird, dass der Inhalt dieser Botschaft „Babylon ist gefallen" in Verbindung mit der letzten Einladung „Gehet aus von ihr mein Volk" so laut und deutlich verkündigt werden wird, dass alle auf Erden lebenden Menschen diese Botschaft hören müssen.

Es ist wie gesagt die letzte Einladung Gottes vor dem Ende der Gnadenzeit und der sich anschließenden Ausgießung der sieben letzten Plagen.

„Wenn das Werk der Errettung abgeschlossen wird, wird Trübsal über die Erde kommen, und die Nationen werden zornig sein. Doch sie werden zurückgehalten, damit sie das Werk des dritten Engels nicht hindern. Zu der Zeit wird der Spätregen oder die Erquickung vom Angesicht des Herrn kommen, um der lauten Stimme des dritten Engels Kraft zu verleihen." (E. G. White, Erfahrungen und Gesichte, Seite 77)

Trotz der geistlichen Finsternis, die in dieser letzten Zeit auf Erden herrschen wird („Werde ich noch Glauben finden, wenn ich wiederkomme" und „Die Liebe wird in vielen erkalten"), wird Gott durch die Ausgießung des verheißenen Spätregens dafür sorgen, dass die Täuschung und der Irrtum Babylons vor aller Menschen Augen bloßgestellt wird. „Sie ist gefallen, sie ist gefallen, Babylon, die große, und eine Behausung der Teufel geworden ..."

Aus Offenbarung 17 und 13 wissen wir, dass Babylon nicht nur aus einer Kirche besteht, denn sie wird uns als „Mutter der Hurerei" geschildert. Babylon hat Töchter (andere Kirchen), die von dem Wein ihrer falschen Lehren ebenfalls getrunken haben. Zum Ende hin wird Babylon unter der Führung des Drachen zu der weltweiten religiös-politischen Vereinigung oder Weltregierung werden, um durch eine falsche Religion Gott herauszufordern und Gottes Volk zu vernichten. Doch bevor es dazu kommt, sorgt Gottes Geist durch seine Gemeinde der Übrigen dafür, dass die Machenschaften Babylons vor aller Augen bloßgestellt werden. In dieser Zeit scheinen sowohl in der Religion wie auch in der Politik die okkulten Kräfte des Teufels die beherrschende Oberhand zu gewinnen (Verse 2.3).

Trotz der weltweiten Verkündigung der dreifachen Engelsbotschaft durch die Adventbewegung über viele Jahrzehnte scheint immer noch der größte Teil des Volkes Gottes diese Botschaft nicht gehört zu haben und befindet sich noch in Babylon.

Wer nun mit dem Licht der Erkenntnis, die von diesem machtvollen Engel ausgeht, Babylon nicht verlässt und sich dem Volk der Übrigen unter dem Banner Immanuels anschließt, den werden die sieben Plagen des Zornes Gottes treffen und er wird des ewigen Lebens verlustig gehen. „Hier ist Geduld (Standhaftigkeit) der Heiligen! Hier sind, die da halten die Gebote Gottes und den Glauben an Jesus!" (Offenbarung 14, Vers 12)

„Liebet ihr mich, so werdet ihr meine Gebote halten." (Johannes 14, Vers 15)

„Und ich habe noch andere Schafe, die sind nicht aus diesem Stall; auch sie muss ich herführen, und sie werden meine Stimme hören, und es wird eine Herde und ein Hirte werden. Meine Schafe hören meine Stimme, und ich kenne sie und sie folgen mir; und ich gebe ihnen das ewige Leben, und sie werden nimmermehr umkommen, und niemand wird sie aus meiner Hand reißen. Mein Vater, der mir sie gegeben hat, ist größer als alles, und niemand kann sie aus des Vaters Hand reißen. Ich und der Vater sind eins." (Johannes 10, Verse 16, 27 bis 30)

Diesmal werden alle aufrichtigen Gläubigen aus Babylon herauskommen. Protestantische oder katholische Traditionen, ja selbst Familienbindungen oder Rücksichtnahme auf Besitz oder Ansehen werden diese aufrichtigen Gläubigen dann nicht mehr zurückhalten können. Die eindringliche Stimme Jesu ruft sie und sie wissen, wenn sie diesem Ruf nicht folgen, wird sie der Zorn Gottes mit all denen treffen, die in Babylon bleiben. Gottes Langmut ist zu Ende und sein Gericht, was Babylon treffen wird, steht unmittelbar vor der Ausführung. Die Sünden Babylons und ihre Folgen sind so schwerwiegend, dass alle, die sich nicht in letzter Minute herausrufen lassen, Gottes Zorn zu spüren bekommen werden.

„Und es werden sie beweinen und beklagen die Könige auf Erden, die mit ihr gehurt und geprasst haben, wenn sie sehen werden den Rauch von ihrem Brand, in dem sie verbrennt. Sie werden fernab stehen aus Furcht vor ihrer Qual und sprechen: Weh, weh, du große Stadt Babylon, du starke Stadt, in einer Stunde ist dein Gericht gekommen ... in einer Stunde ist verwüstet solcher Reichtum! Und alle Schiffsherren und alle Steuerleute und die Seefahrer und die auf dem Meer arbeiten standen fernab und schrien, als sie den Rauch von ihrem Brand sahen: Wer ist der großen Stadt gleich! ... In einer Stunde ist sie verwüstet! ... Denn deine Kaufleute waren Fürsten auf Erden, und durch deine Zauberei sind verführt worden alle Völker." (Verse 9.10.17.18.19.23)

In den Versen 9-24 wird in bildhafter Sprache der völlige Zusammenbruch dieser letzten Weltregierung dargestellt – politisch, wirtschaftlich, religiös, finanziell. Der mehrmalige Hinweis „in einer Stunde ist verwüstet solcher Reichtum" weist auf einen schnellen und unerwarteten, aber völligen Zusammenbruch des Weltfinanzsystems hin.

„Und es werden sie beweinen und beklagen die Könige auf Erden, die mit ihr gehurt und geprasst haben, wenn sie sehen werden den Rauch von ihrem Brand, in dem sie verbrennt. Sie werden fernab stehen aus Furcht vor ihrer Qual und sprechen:

Weh, weh, du große Stadt Babylon, du starke Stadt, in einer Stunde ist dein Gericht gekommen! Und die Kaufleute auf Erden werden weinen und Leid tragen um sie, weil ihre Ware niemand mehr kaufen wird: Gold und Silber und Edelsteine und Perlen und feines Leinen und Purpur und Seide und Scharlach und allerlei wohlriechende Hölzer und allerlei Gerät aus Elfenbein und allerlei Gerät aus kostbarem Holz und Erz und Eisen und Marmor und Zimt und Balsam und Räucherwerk und Myrrhe und Weihrauch und Wein und Öl und feinstes Mehl und Weizen und Vieh und Schafe und Pferde und Wagen und Leiber und Seelen von Menschen.

Und das Obst, an dem deine Seele Lust hatte, ist dahin; und alles, was glänzend und herrlich war, ist für dich verloren und man wird es nicht mehr finden. Die Kaufleute, die durch diesen Handel mit ihr reich geworden sind, werden fernab stehen aus Furcht vor ihrer Qual, werden weinen und klagen: Weh, weh, du große Stadt, die bekleidet war mit feinem Leinen und Purpur und Scharlach und geschmückt war mit Gold und Edelsteinen und Perlen, denn in einer Stunde ist verwüstet solcher Reichtum!

Und alle Schiffsherren und alle Steuerleute und die Seefahrer und die auf dem Meer arbeiten standen fernab und schrien, als sie den Rauch von ihrem Brand sahen: Wer ist der großen Stadt gleich? Und sie warfen Staub auf ihre Häupter und schrien, weinten und klagten: Weh, weh, du große Stadt, von deren Überfluss reich geworden sind alle, die Schiffe auf dem Meer hatten; denn in einer Stunde ist sie verwüstet!

Freue dich über sie, Himmel, und ihr Heiligen und Apostel und Propheten! Denn Gott hat sie gerichtet um euretwillen. Und ein starker Engel hob einen Stein auf, groß wie ein Mühlstein, warf ihn ins Meer und sprach: So wird in einem Sturm niedergeworfen die große Stadt Babylon und nicht mehr gefunden werden. Und die Stimme der Sänger und Saitenspieler, Flötenspieler und Posaunenbläser soll nicht mehr in dir gehört werden, und kein Handwerker irgendeines Handwerks soll mehr in dir gefunden werden, und das Geräusch der Mühle soll nicht mehr in dir gehört werden, und das Licht der Lampe soll nicht mehr in dir leuchten, und die Stimme des Bräutigams und der Braut soll nicht mehr in dir gehört werden. Denn deine Kaufleute waren Fürsten auf Erden, und durch deine Zauberei sind verführt worden alle Völker; und das Blut der Propheten und der Heiligen ist in ihr gefunden worden und das Blut aller derer, die auf Erden umgebracht worden sind." (Verse 9 bis 24)

Bereits in unseren Tagen spüren wir, dass es keine Sicherheit mehr auf dieser Erde gibt. Wir sollten diese Zeichen für uns so deuten, dass wir uns mit unserem Leben ganz und gar auf die Seite Jesu Christi stellen und unseren Glauben alleine am Worte Gottes ausrichten, so wie das Jesus Christus und alle Apostel und Reformatoren mit einem deutlichen: „es steht geschrieben" getan haben. Möge der Geist Gottes uns dazu bereit machen.

Offenbarung 19

Die Hochzeit des Lammes

„Danach hörte ich etwas wie eine große Stimme einer großen Schar im Himmel, die sprach: Halleluja! Das Heil und die Herrlichkeit und die Kraft sind unseres Gottes! Denn wahrhaftig und gerecht sind seine Gerichte, dass er die große Hure verurteilt hat, die die Erde mit ihrer Hurerei verdorben hat, und hat das Blut seiner Knechte gerächt, das ihre Hand vergossen hat. Sie sprachen zum zweiten Mal: Halleluja! Und ihr Rauch steigt auf in Ewigkeit. Und die vierundzwanzig Ältesten und die vier Gestalten fielen nieder und beteten Gott an, der auf dem Thron saß, und sprachen: Amen, Halleluja! Und eine Stimme ging aus von dem Thron: Lobt unsern Gott, alle seine Knechte und die ihn fürchten, Klein und Groß! Und ich hörte etwas wie eine Stimme einer großen Schar und wie eine Stimme großer Wasser und wie eine Stimme starker Donner, die sprachen: Halleluja! Denn der Herr, unser Gott, der Allmächtige, hat das Reich eingenommen! Lasst uns freuen und fröhlich sein und ihm die Ehre geben, denn die Hochzeit des Lammes ist gekommen, und seine Braut hat sich bereitet! Und es wurde ihr gegeben, sich anzutun mit schönem reinem Leinen. Das Leinen aber ist die Gerechtigkeit der Heiligen. Und er sprach zu mir: Schreibe: Selig sind, die zum Hochzeitsmahl des Lammes berufen sind. Und er sprach zu mir: Dies sind wahrhaftige Worte Gottes. Und ich fiel nieder zu seinen Füßen, ihn anzubeten. Und er sprach zu mir:

Tu es nicht! Ich bin dein und deiner Brüder Mitknecht, die das Zeugnis Jesu haben. Bete Gott an! Das Zeugnis Jesu aber ist der Geist der Weissagung." (Verse 1 bis 10) Johannes erlebt unmittelbar nach den Ereignissen der Kapitel 17 und 18 einen gewaltigen Jubelgesang in der himmlischen Welt. Es scheint so, als ob sich die Spannung der himmlischen Bewohner in Verbindung mit den letzten Ereignissen auf unserer Erde nun, nachdem Babylon mit ihrem ganzen antigöttlichen System sein verdientes Urteil empfängt, in diesem Jubelgesang entlädt. Diese himmlischen Ereignisse, die Johannes uns in Kapitel 19 schildern darf, finden nach der siebten Plage aus Kapitel 16 statt und stehen in Verbindung mit dem Wort des Allmächtigen: „Es ist geschehen" (Kapitel 16, Vers 17). In der Chronologie ist es die Zeit unmittelbar vor der Wiederkunft Jesu.

Zum besseren Verständnis der geistlichen Bedeutung der „Hochzeit des Lammes" (Vers 7) ist es hilfreich, sich eine orientalische Hochzeit vorzustellen. Diese beginnt mit der Verlobung, einem gegenseitigen Versprechen der Brautleute, was aber viel bindender ist als in unserer westlichen Kultur.

„Ich will mich mit dir verloben für alle Ewigkeit, ich will mich mit dir verloben in Gerechtigkeit und Recht, in Gnade und Barmherzigkeit. Ja in Treue will ich mich mit dir verloben und du wirst den Herrn erkennen." (Hosea 2, Verse 21 und 22) Gott benutzt das Bild der zartesten Bande menschlicher Gemeinschaft, um seine Liebe zu seiner Gemeinde zum Ausdruck zu bringen. Der nächste Schritt bei einer orientalischen Hochzeit ist die Bezahlung des Brautpreises.

„Als aber die Zeit erfüllt war, sandte Gott seinen Sohn ..." (Galater 4, Vers 4) Jesus Christus kam genau zu der von Daniel (Kapitel 9) vorhergesagten Zeit und starb am Kreuz von Golgatha für uns mit den Worten: „Es ist vollbracht." Christus bezahlte mit seinem Leben den Preis für unsere Erlösung.

Nach der Verlobung und Bezahlung des Brautpreises folgt die Vorbereitungszeit für die Braut, während der Bräutigam hingeht, um das gemeinsame Heim zu bereiten.

„Euer Herz erschrecke nicht! Glaubt an Gott und glaubt an mich! In meines Vaters Hause sind viele Wohnungen. Wenn's nicht so wäre, hätte ich dann zu euch gesagt: Ich gehe hin, euch die Stätte zu bereiten? Und wenn ich hingehe, euch die Stätte zu bereiten, will ich wiederkommen und euch zu mir nehmen, damit ihr seid, wo ich bin." (Johannes 14, Verse 1 bis 3)

Die eigentliche Vermählung findet nicht in einer Kirche statt, sondern schlicht und einfach in Form einer Geste. Wenn der wiederkommende Bräutigam seinen Mantel vor den Augen der Gäste um die Schultern seiner Braut legt, bekundet er damit öffentlich, dass sie nun zu ihm gehört.

Auch diese Geste bei einer orientalischen Hochzeit findet seine geistliche Bestätigung in Gottes Wort: „... und seine Braut hat sich bereitet! Und es wurde ihr gegeben, sich anzutun mit schönem reinem Leinen. Das Leinen aber ist die Gerechtigkeit der Heiligen." (Offenbarung 19, Verse 7 und 8)

Das nun folgende Hochzeitsmahl findet im Hause des Vaters des Bräutigams statt und dauert in der Regel mehrere Tage oder Wochen. In Verbindung mit diesem Hochzeitsmahl empfangen die Brautleute die Hochzeitsgabe aus der Hand des Vaters. Bei einer königlichen Hochzeit ist dies eine ganze Stadt oder sogar ein ganzes Land.

„Halleluja! Denn der Herr, unser Gott, der Allmächtige, hat das Reich eingenommen!" „Das Reich und die Macht und die Gewalt über die Königreiche unter dem ganzen Himmel wird dem Volk der Heiligen des Höchsten gegeben werden, dessen Reich ewig ist, und alle Mächte werden ihm dienen und gehorchen." (Daniel 7, Vers 27)

„Und es kam zu mir einer von den sieben Engeln, die die sieben Schalen mit den letzten sieben Plagen hatten, und redete mit mir und sprach: Komm, ich will dir die Frau zeigen, die Braut des Lammes. Und er führte mich hin im Geist auf einen großen und hohen Berg und zeigte mir die heilige Stadt Jerusalem herniederkommen aus dem Himmel von Gott." (Offenbarung 21, Verse 9 und 10)

Die Hochzeitsgabe des Vaters an die Gemeinde ist die neue Erde, wie es Offenbarung 21 schildert und hier speziell das himmlische Jerusalem als die zukünftige Wohnstatt der Gläubigen. Die Bibel bezeichnet das himmlische Jerusalem als Braut in dem Sinne, dass diese himmlische Stadt auf unsere Erde herabkommen und für alle Ewigkeit unsere Heimat sein wird. „Siehe da, die Hütte Gottes bei den Menschen! Und er wird bei ihnen wohnen, und sie werden sein Volk sein und er selbst, Gott mit ihnen, wird ihr Gott sein." (Offenbarung 21, Vers 3)

Für Gott gibt es nur Gegenwart. Auch die Zukunft ist für ihn schon Gegenwart. In diesem Sinne lässt Gott uns durch das Zeugnis der Propheten, wie wir es besonders in den Büchern Daniel und der Offenbarung besitzen, schon heute teilhaben an Ereignissen, die erst in Zukunft geschehen werden. Johannes sieht bereits zu seiner Zeit die neue Erde und die Stadt Jerusalem vom Himmel auf unsere Erde herabkommen.

„Selig sind, die zum Hochzeitsmahl des Lammes berufen sind." (Vers 9)

Diese Berufung gilt allen Menschen ohne Ausnahme. Es heißt: „Welcher will, dass allen Menschen geholfen werde und sie zur Erkenntnis der Wahrheit kommen." (1. Timotheus 2, Vers 4)

„Wie viele ihn (Jesus Christus) aber aufnahmen, denen gab er Macht, Gottes Kinder zu werden, denen, die an seinen Namen glauben." (Johannes 1, Vers 12)

Heute ist die Tür zum Reich Gottes noch geöffnet, doch wissen wir, dass sie bald geschlossen werden wird. Wenn die Stunde des Gerichts im Himmel endet, wird Christus aufhören, Mittler zwischen seinem Vater und uns Menschen zu sein und die angenehme Zeit der Gnade endet. Mögen wir zu denen gehören, die aus Liebe zur Wahrheit sich für den Weg der Treue entscheiden.

„Weil du mein Wort von der Geduld bewahrt hast, will auch ich dich bewahren vor der Stunde der Versuchung, die kommen wird über den ganzen Weltkreis, zu versuchen, die auf Erden wohnen." (Offenbarung 3, Vers 10)

„Und ich sah den Himmel aufgetan; und siehe, ein weißes Pferd. Und der darauf saß, hieß: Treu und Wahrhaftig; und er richtet und kämpft mit Gerechtigkeit. Und seine Augen sind wie eine Feuerflamme, und auf seinem Haupt sind viele Kronen; und er trug einen Namen geschrieben, den niemand kannte als er selbst. Und er war angetan mit einem Gewand, das mit Blut getränkt war, und sein Name ist: Das Wort Gottes. Und ihm folgte das Heer des Himmels auf weißen Pferden, angetan mit weißem, reinem Leinen. Und aus seinem Munde ging ein scharfes Schwert, dass er damit die Völker schlage; und er wird sie regieren mit eisernem Stabe; und er tritt die Kelter, voll vom Wein des grimmigen Zornes Gottes, des Allmächtigen; und trägt einen Namen geschrieben auf seinem Gewand und auf seiner Hüfte: König aller Könige und Herr aller Herren. Und ich sah einen Engel in der Sonne stehen und er rief mit großer Stimme allen Vögeln zu, die hoch am Himmel fliegen: Kommt, versammelt euch zu dem großen Mahl Gottes und esst das Fleisch der Könige und der Hauptleute und das Fleisch der Starken und der Pferde und derer, die darauf sitzen, und das Fleisch aller Freien und Sklaven, der Kleinen und der Großen! Und ich sah das Tier und die Könige auf Erden und ihre Heere versammelt, Krieg zu führen mit dem, der auf dem Pferd saß, und mit seinem Heer. Und das Tier wurde ergriffen und mit ihm der falsche Prophet, der vor seinen Augen die Zeichen getan hatte, durch welche er die verführte, die das Zeichen des Tieres angenommen und das Bild des Tieres angebetet hatten. Lebendig wurden diese beiden in den feurigen Pfuhl geworfen, der mit Schwefel brannte. Und die andern wurden erschlagen mit dem Schwert, das aus dem Munde dessen ging, der auf dem Pferd saß. Und alle Vögel wurden satt von ihrem Fleisch." (Verse 11 bis 21)

Dieses zweite Mahl, was Kapitel 19 schildert, ist nicht das Hochzeitsmahl des Lammes, sondern das furchtbare Mahl aller Beutevögel auf Erden.

Die Ereignisse im ersten Teil des Kapitel 19 finden kurz vor der Wiederkunft Jesu statt. Im zweiten Teil erleben wir den wiederkommenden Christus, der für alle diejenigen, die seine Einladung zur Hochzeit abgelehnt haben, nun zum Gericht kommt. „Und aus seinem Munde ging ein scharfes Schwert, dass er damit die Völker schlage ..." (Vers 15)

Die Schilderung des wiederkommenden Christus in seiner Herrlichkeit mit all seinen Engeln entspricht der vielfältigen bildhaften Darstellung des gleichen Ereignisses in den Evangelien: „Und dann wird erscheinen das Zeichen des Menschensohns am Himmel. Und dann werden wehklagen alle Geschlechter auf Erden und werden sehen den Menschensohn kommen auf den Wolken des Himmels mit großer Kraft und Herrlichkeit." (Matthäus 24, Vers 30) Auch die ausführliche „Darstellung vom Weltgericht" in Matthäus 25, Verse 31 bis 46.

Die stolzen Menschen unserer Tage, die sich von Babylon haben verführen lassen, den letzten vernichtenden Schlag gegen das Volk der Übrigen zu führen, erleben nun in panischem Schrecken, dass nicht die, die sie gerade im Begriff standen umzubringen, Gottes Missfallen trifft, sondern sie selbst.

„Und der Himmel wich wie eine Schriftrolle, die zusammengerollt wird, und alle Berge und Inseln wurden wegbewegt von ihrem Ort. Und die Könige auf Erden und die Großen und die Obersten und die Reichen und die Gewaltigen und alle Sklaven und alle Freien verbargen sich in den Klüften und Felsen der Berge und sprachen zu den Bergen und Felsen: Fallt über uns und verbergt uns vor dem Angesicht dessen, der auf dem Thron sitzt, und vor dem Zorn des Lammes! Denn es ist gekommen der große Tag ihres Zorns und wer kann bestehen?" (Offenbarung 6, Verse 14 bis 17)

Wie ganz anders erleben die Gläubigen diese Stunde ihrer Befreiung: „Siehe, das ist unser Gott, auf den wir hofften, dass er uns helfe. Das ist der Herr, auf den wir hofften; lasst uns jubeln und fröhlich sein über sein Heil." (Jesaja 25, Vers 9) Dies wird der Jubelruf derer sein, die standhaft und treu geblieben sind bis zum Schluss. Hier wird sich bewahrheiten, dass niemand zu Schanden wird, der von ganzem Herzen sich auf den Herrn verlässt. Er mag in seinem Leben Zeiten der Anfechtung, der Krankheit, des Verlustes von Freunden und anderen lieben Menschen ertragen müssen. Doch wird es denen, die Gott vertrauen, zum Schluss gut gehen.

„Gott ist unsre Zuversicht und Stärke, eine Hilfe in den großen Nöten, die uns getroffen haben. Darum fürchten wir uns nicht, wenngleich die Welt unterginge und die Berge mitten ins Meer sänken. Gott ist bei ihr drinnen, darum wird sie festbleiben, Gott hilft ihr früh am Morgen. Die Heiden müssen verzagen und die Königreiche fallen, das Erdreich muss vergehen, wenn er sich hören lässt. Der Herr Zebaoth ist mit uns, der Gott Jakobs ist unser Schutz. Kommt her und schauet die Werke des Herrn, der auf Erden solch ein Zerstören anrichtet. Seid stille und erkennet, dass ich Gott bin! Ich will der Höchste sein unter den Heiden, der Höchste auf Erden." (Psalm 46, Verse 2.3.6.7. 8.9.11)

Es ist schon erstaunlich, wie breit die Schilderung der Bibel über die letzten Ereignisse ist. Mögen uns diese Gedanken bewegen, unser Leben heute ganz Jesus Christus zu übergeben, denn nur in ihm wird es dann noch eine Sicherheit geben.

Das Endgericht

„Und ich sah einen Engel vom Himmel herabfahren, der hatte den Schlüssel zum Abgrund und eine große Kette in seiner Hand. Und er ergriff den Drachen, die alte Schlange, das ist der Teufel und der Satan, und fesselte ihn für tausend Jahre und warf ihn in den Abgrund und verschloss ihn und tat ein Siegel oben darauf, damit er die Völker nicht mehr verführen sollte, bis vollendet würden die tausend Jahre. Danach muss er losgelassen werden eine kleine Zeit." (Verse 1 bis 3)

Was Johannes hier beschreibt, das hat er gesehen. Kapitel 20 beginnt mit: „Ich sah." Die Szene aus Kapitel 20 schließt sich unmittelbar den Ereignissen, wie sie in Kapitel 19, Verse 11 bis 21, geschildert werden, an. Die Darstellung der Wiederkunft Jesu mit der Vernichtung unserer Erde und aller Menschen, die es nicht für wert achteten, dass ihr Name im Buch des Lebens steht.

Erinnern wir uns noch einmal, was beim zweiten Kommen Jesu auf unserer Erde geschieht. Christus kommt, um sein Volk aus Babylon zu befreien. Die erste Auferstehung findet statt, die Auferstehung zum Leben (Johannes 5, Vers 29; 1. Thessalonicher 4, Vers 16; 1. Korinther 15, Vers 51 ff.). Die lebenden Gläubigen werden ohne sterben zu müssen verwandelt (1. Thessalonicher 4, Vers 17). Christus kehrt mit allen Gläubigen zurück zum Vater in das himmlische Jerusalem. Alle Gottlosen kommen um. Sie können die unübertroffene Herrlichkeit Christi nicht ertragen. „... und dann wird der Böse offenbart werden. Ihn wird der Herr Jesus umbringen mit dem Hauch seines Mundes und wird ihm ein Ende machen durch seine Erscheinung, wenn er kommt." (2. Thessalonicher 2, Vers 8)

Daraus folgt, dass unmittelbar nach der Wiederkunft Jesu – das ist die Zeit, von der Kapitel 20 spricht – unsere Erde ohne Menschen sein wird.

Schon die Propheten des alten Bundes haben diesen Zustand mehrfach beschrieben. „Siehe, der Herr macht die Erde leer und wüst und wirft um, was auf ihr ist, und zerstreut ihre Bewohner." (Jesaja 24, Vers 1)

„Ich schaute das Land an, siehe, es war wüst und öde, und den Himmel und er war finster. Ich sah die Berge an, und siehe, sie bebten und alle Hügel wankten. Ich sah, und siehe, da war kein Mensch, und alle Vögel unter dem Himmel waren weggeflogen." (Jeremia 4, Verse 23 bis 25)

Nach der Ausgießung der letzten sieben Plagen Gottes und der sich anschließenden Wiederkunft Christi ist die Erde ein Chaos. Es gibt auf ihr keine menschlichen Bewohner mehr. In dieser Situation sieht Johannes einen Engel mit einer großen Kette vom Himmel kommen, der den Teufel für tausend Jahre auf der Erde bindet. Es ist eine bildhafte Darstellung, die nur durch die Umstände zu erklären ist. Zum ersten Mal hat der Teufel keine „Kundschaft" mehr, denn es gibt nicht einen einzigen Menschen, den er zur Sünde verführen könnte. Die einstmals schöne Erde ist infolge der furchtbaren Naturkatastrophen zu einem großen Friedhof geworden. Gott bindet den gefallenen Engelfürst Luzifer an unsere Erde und gibt ihm tausend Jahre Zeit, darüber nachzudenken, was er mit seiner Rebellion angerichtet hat.

„Und ich sah Throne, und sie setzten sich darauf, und ihnen wurde das Gericht übergeben. Und ich sah die Seelen derer, die enthauptet waren um des Zeugnisses von Jesus und um des Wortes Gottes willen und die nicht angebetet hatten das Tier und sein Bild und die sein Zeichen nicht angenommen hatten an ihre Stirn und auf ihre Hand; diese wurden lebendig und regierten mit Christus tausend Jahre." (Vers 4)

Hier wird uns zum zweiten Mal eine himmlische Gerichtsszene gezeigt, ähnlich der, die wir aus Daniel, Kapitel 7, kennen. Es ist der zweite Teil des Endgerichtes Gottes, was für tausend Jahre, unmittelbar nach der Wiederkunft Jesu, im Himmel stattfindet, und zwar diesmal in Gegenwart aller Gläubigen.

„Wisst ihr nicht, dass die Heiligen die Welt richten werden? Wenn nun die Welt von euch gerichtet werden soll, seid ihr dann nicht gut genug, geringe Sachen zu richten? Wisst ihr nicht, dass wir über Engel richten werden? Wie viel mehr über Dinge des täglichen Lebens." (1. Korinther 6, Verse 2.3)

Beim Untersuchungsgericht vor der Wiederkunft Christi, was Daniel 7 beschreibt, ging es um die Gläubigen. Im zweiten Gericht nach der Wiederkunft Jesu, wie es uns Offenbarung 20 beschreibt, geht es um das Werk des Teufels, seiner Engel und aller Menschen, die die versöhnende Hand eines gnädigen Gottes zu ihrer Errettung nicht angenommen haben.

Die Bibel schildert zur Zeit der Wiederkunft Christi nur zwei Gruppen von Menschen. „Und alle, die auf Erden wohnen, beten es an, deren Namen nicht vom Anfang der Welt an geschrieben stehen in dem Lebensbuch des Lammes, das geschlachtet ist." (Offenbarung 13, Vers 8) Und die Übrigen, „die da halten die Gebote Gottes und den Glauben an Jesus". (Offenbarung 14, Vers 12)

Gott will, dass diese Weltzeit der Sünde, die irgendwann mit der Auflehnung Luzifers im Himmel begann und hier auf Erden ein furchtbares Ende findet, von allen Bewohnern des Himmels und der Erde verstanden wird. Es geht nicht nur um die Verurteilung und Vernichtung der Gottlosen, sondern auch um die Aufarbeitung des großen Irrtums, den die Bibel Sünde nennt. Was ist aus dem Versprechen der Schlange an Eva geworden: „Und ihr werdet sein wie Gott." Was hat es uns gebracht, dass wir uns von Gott gelöst haben und die sogenannte Freiheit genießen konnten. Zu spät haben die Menschen begriffen, dass die Freiheit ohne Gott letztlich Sklaverei bedeutet. Sünde bringt nie Glück und dient nicht dem Leben, sondern zerstört das Glück und das Leben.

In diesem tausend Jahre währenden Endgericht im Himmel, an dem wir teilnehmen, werden wir begreifen, warum unsere Nachbarn und Freunde, die nicht bei uns im Reich Gottes sind, fehlen. Wir werden die Fadenscheinigkeit der Sünde, die Abgründe des selbstsüchtigen menschlichen Herzens aber auch die unfassbare Liebe und Güte Gottes erkennen, die jedem Menschen ein Leben lang nachging, um ihn zur Umkehr zu bewegen. Am Ende dieser tausend Jahre Gericht im Himmel wird nicht nur das Urteil über den Teufel und seine Anhänger feststehen, sondern der Name Gottes, und sein Gesetz der Liebe werden groß und erhaben sein. Die 6000 Jahre Menschheitsgeschichte in Auflehnung gegen Gott sind eine traurige, aber lehrreiche Erfahrung, damit sich das Geheimnis „Sünde" nicht mehr wiederholen wird. „Es wird nicht ein zweites Mal geschehen." (Nahum, Kapitel 1)

„Die andern Toten aber wurden nicht wieder lebendig, bis die tausend Jahre vollendet wurden. Dies ist die erste Auferstehung. Selig ist der und heilig, der teilhat an der ersten Auferstehung. Über diese hat der zweite Tod keine Macht; sondern sie werden Priester Gottes und Christi sein und mit ihm regieren tausend Jahre. Und wenn die tausend Jahre vollendet sind, wird der Satan losgelassen werden aus seinem Gefängnis und wird ausziehen, zu verführen die Völker an den vier Enden der Erde, Gog und Magog, und sie zum Kampf zu versammeln; deren Zahl ist wie der Sand am Meer. Und sie stiegen herauf auf die Ebene der Erde und umringten das Heerlager der Heiligen und die geliebte Stadt. Und es fiel Feuer vom Himmel und verzehrte sie. Und der Teufel, der sie verführte, wurde geworfen in den Pfuhl von Feuer und Schwefel, wo auch das Tier und der falsche Prophet waren; und sie werden gequält werden Tag und Nacht, von Ewigkeit zu Ewigkeit." (Verse 5 bis 10)

Am Ende der tausend Jahre findet die zweite Auferstehung statt (Johannes 5, Verse 28, 29). Alle Menschen, die jemals gelebt haben und nicht an der ersten Auferstehung bei der Wiederkunft Christi teilhatten, werden nun auferstehen. Sie kommen so aus ihren Gräbern wie sie durch den Tod hineingelegt wurden. Nun wird es voll auf unserer Erde. „... deren Zahl ist wie der Sand am Meer ..."

Offensichtlich hat der Teufel während der tausend Jahre des Nachdenkens nichts gelernt, denn er geht hin und verführt die Völker erneut zu einem letzten verzweifelten Angriff gegen die Regierung Gottes. Inzwischen ist das himmlische Jerusalem, die Wohnung der Gläubigen durch ein Wunder Gottes in die greifbare Nähe auf unsere Erde gekommen. Dem Teufel gelingt es, die großen Heerführer der Menschheit davon zu überzeugen, dass sie mit einem gewaltigen Heer von Kriegern eine Chance hätten, die heilige Stadt zu stürmen. In dem Augenblick, wo der Teufel und sein gesamtes Heer sich anschickt zur letzten Rebellion gegen Gott, gebietet der Allmächtige diesem Geschehen Einhalt. Jedes Geschöpf steht für sich allein vor dem Auge des Allwissenden, jedem wird die Maske vom Gesicht genommen und er muss sein Leben mit all seinen Verfehlungen und mit der immer wieder ausgeschlagenen Hand Gottes erkennen. Jeder weiß, dass dieses göttliche Gericht wahrhaftig ist. Niemand widerspricht. Jeder muss sich vor der Wahrheit Gottes beugen, selbst der Teufel. Und alle werden bekennen, dass Gott Recht hat. „Und jedes Geschöpf, das im Himmel ist und auf Erden und unter der Erde und auf dem Meer und alles, was darin ist, hörte ich sagen: Dem, der auf dem Thron sitzt, und dem Lamm sei Lob und Ehre und Preis und Gewalt von Ewigkeit zu Ewigkeit!" (Offenbarung 5, Vers 13)

Jeder empfängt nun sein Gericht. „Und es fiel Feuer vom Himmel und verzehrte sie." (Vers 9) Gott reinigt die Erde von den Spuren der Sünde durch Feuer und schafft sie neu. Es wird nichts von dem übrig bleiben, was der Stolz des Menschen zu seiner eigenen Verherrlichung geschaffen hat. Die Reinigung und Neuschöpfung unserer Erde wird so vollkommen sein, „dass wir der vorigen nicht mehr gedenken." (Jesaja 65, Vers 17)

Uns allen steht nur die eigene Lebenszeit zur Verfügung, in der wir entscheiden können, auf welcher Seite wir stehen wollen. Es gibt nur ein Evangelium: „Ich bin der Weg, die Wahrheit und das Leben. Niemand kommt zum Vater denn durch mich." Es ist allein der Name Jesu Christi, der uns zur Errettung vom Vater gegeben wurde. „Wer an den Sohn glaubt, der hat das ewige Leben. Wer aber dem Sohn nicht gehorsam ist, der wird das Leben nicht sehen, sondern der Zorn Gottes bleibt über ihm." (Johannes 3, Vers 36)

Auch die verbreitete Lehre ewiger Höllenqualen findet in der Bibel keine Bestätigung. „... und werden gequält werden Tag und Nacht von Ewigkeit zu Ewigkeit." (von einem Äon zum anderen, Vers 10) Gemeint ist damit die kurze Zeit zwischen dem Ende unserer Weltzeit und dem Beginn der Ewigkeit. Dazwischen wird es eine kurze Zeit für das Endgericht Gottes geben.

„Und der Tod und sein Reich wurden geworfen in den feurigen Pfuhl. Das ist der zweite Tod: Der feurige Pfuhl. Und wenn jemand nicht gefunden wurde geschrieben in dem Buch des Lebens, der wurde geworfen in den feurigen Pfuhl." (Verse 14.15)

Im Gegensatz zum ersten Tod, der nur ein Schlaf ist und von dem es eine Auferstehung gibt – entweder die Auferstehung zum Leben oder die Auferstehung zum Gericht – wird es aus dem zweiten Tod keine Auferstehung mehr geben. Insofern ist der zweite Tod endgültig und unwiderruflich. Alle, die den zweiten Tod erleiden, hören auf zu bestehen. Es gibt keine Hölle mit ewigen Qualen. Wie sollten wir uns als erlöste Menschen an der Ewigkeit erfreuen, wenn zur gleichen Zeit Menschen, die wir einmal geliebt haben, sich in ewigen Qualen winden müßten. Dies ist eine Erfindung, die nicht von Gott stammt. Im Endgericht, wie es uns Kapitel 20 darstellt, macht Gott mit der Sünde im zweiten Tod ein Ende und schafft unsere alte Erde neu, „dass wir der vorigen nicht mehr gedenken".

Offenbarung 21

Die neue Erde und
das himmlische Jerusalem

„Und ich sah einen neuen Himmel und eine neue Erde; denn der erste Himmel und die erste Erde sind vergangen, und das Meer ist nicht mehr. Und ich sah die heilige Stadt, das neue Jerusalem, von Gott aus dem Himmel herabkommen, bereitet wie eine geschmückte Braut für ihren Mann. Und ich hörte eine große Stimme von dem Thron her, die sprach: Siehe da, die Hütte Gottes bei den Menschen! Und er wird bei ihnen wohnen, und sie werden sein Volk sein, und er selbst, Gott mit ihnen, wird ihr Gott sein; und Gott wird abwischen alle Tränen von ihren Augen, und der Tod wird nicht mehr sein, noch Leid noch Geschrei noch Schmerz wird mehr sein; denn das Erste ist vergangen. Und der auf dem Thron saß, sprach: Siehe, ich mache alles neu! Und er spricht: Schreibe, denn diese Worte sind wahrhaftig und gewiss!" (Verse 1 bis 5)

Unsere endgültige Heimat wird einmal wieder diese Erde sein. Sie wird dann so schön sein wie sie einmal war, als sie aus der Hand des Schöpfers hervorging. „Und Gott sah an alles, was er gemacht hatte, und siehe, es war sehr gut." (1. Mose 1, Vers 31)

6000 Jahre „Sünde" hat unsere Erde verderbt. Es ist nun die Zeit gekommen, wo Gott diese Erde, die seit dem Sündenfall in fremden Händen war, in die Hände seiner rechtmäßigen Besitzer zurückgeben wird. So wie es Jesus in der Bergpredigt versprochen hat: „Selig sind die Sanftmütigen; denn sie werden das Erdreich besitzen." (Matthäus 5, Vers 5)

Dazu schafft Gott Himmel, Erde und Meer neu. Diese Neuschöpfung ist mit der ursprünglichen Schöpfung, wie sie auf den ersten Blättern der Bibel beschrieben wird, zu vergleichen. „Am Anfang schuf Gott Himmel und Erde." (1. Mose 1, Vers 1)

Nachdem das Böse vernichtet ist und Gott die Erde durch Feuer von allen Spuren der Sünde gereinigt hat, macht Gott alles neu. Der Prophet Johannes durfte diese Neuschöpfung bereits sehen. „Und ich sah einen neuen Himmel und eine neue Erde; denn der erste Himmel und die erste Erde sind vergangen, und das Meer ist nicht mehr." (Vers 1)

Johannes schildert uns nicht nur unsere neue zukünftige Heimat, sondern teilt uns etwas außerordentlich Schönes mit. Gott wird umziehen, um bei uns zu wohnen. „Siehe da, die Hütte Gottes bei den Menschen!" Johannes sieht, wie eine ganze Stadt – das heilige Jerusalem – vom Himmel auf diese Erde herabkommt. Das himmlische Jerusalem wird unsere neue Heimat sein. Dort werden sich unsere zukünftigen Wohnungen befinden. „Euer Herz erschrecke nicht! Glaubt an Gott und glaubt an mich! In meines Vaters Hause sind viele Wohnungen. Wenn's nicht so wäre, hätte ich dann zu euch gesagt: Ich gehe hin, euch die Stätte zu bereiten? Und wenn ich hingehe, euch die Stätte zu bereiten, will ich wiederkommen und euch zu mir nehmen, damit ihr seid, wo ich bin." (Johannes 14, Verse 1-3)

Dieses Versprechen Jesu an alle seine Jünger erfüllt er nun.

„Die Hütte Gottes", das „Tabernakel" oder „der Tempel" ist biblisch immer ein Symbol für Gottes Gegenwart. Im alten Tempel zu Jerusalem offenbarte sich der Herr in der Schechina über dem Gnadenthron im Allerheiligsten.

Auf der neuen Erde wird uns Gottes Gegenwart immer begleiten. „Und er wird bei ihnen wohnen, und sie werden sein Volk sein, und er selbst, Gott, wird mit ihnen sein." Dreimal erwähnt dieser Text, dass Gott mit uns sein wird.

Für unser heutiges Denken, wo Traurigkeit, Schmerz, Leid und der Tod etwas Alltägliches sind, ist die Tatsache schwer zu begreifen, dass auf der neuen Erde dies alles nicht mehr sein wird. Keine Tränen, kein Leid, kein Geschrei, kein Schmerz und kein Tod wird es mehr geben. „Der letzte Feind, der vernichtet wird, ist der Tod." (1. Korinther 15, Vers 26)

„Siehe, ich mache alles neu!"

Unser menschlicher Geist, selbst unsere Vorstellungskraft reichen nicht aus, um das zu begreifen, was Gott uns bereitet hat.

„Denn siehe, ich will einen neuen Himmel und eine neue Erde schaffen, dass man der vorigen nicht mehr gedenken und sie nicht mehr zu Herzen nehmen wird." (Jesaja 65, Vers 17)

„Die Erlösten des Herrn werden wiederkommen und nach Zion kommen mit Jauchzen; ewige Freude wird über ihrem Haupte sein; Freude und Wonne werden sie ergreifen, und Schmerz und Seufzen wird entfliehen." (Jesaja 35, Vers 10)

Die Bibel ist voll von Verheißungen über unsere neue Heimat. Nie zuvor waren wir dieser Heimat so nahe wie heute. Die Vorboten des kommenden Reiches Gottes werden um uns herum immer deutlicher. Unwillkürlich denken wir an das Wort Jesu: „...dann seht auf und erhebt eure Häupter, weil sich eure Erlösung naht." (Lukas 21, Vers 28)

„Schreibe, denn diese Worte sind wahrhaftig und gewiss!" Alle Zusagen Gottes sind mit der Autorität Gottes verbunden und tragen das Siegel des lebendigen Gottes: „Was er zusagt, das hält er gewiss."

„Und er sprach zu mir: Es ist geschehen. Ich bin das A und das O, der Anfang und das Ende. Ich will den Durstigen geben von dem Brunnen des lebendigen Wassers umsonst. Wer überwindet, der wird es alles ererben, und ich werde sein Gott sein, und er wird mein Sohn sein. Der feigen Verleugner aber und Ungläubigen und Frevler und Totschläger und Unzüchtigen und Zauberer und Götzendiener und aller Lügner, deren Teil wird sein in dem Pfuhl, der mit Feuer und Schwefel brennt; das ist der zweite Tod."

Das Wort „wer überwindet" findet sich in allen sieben Sendschreiben an die sieben Gemeinden Gottes. Jeder erlöste Mensch, der einmal die Tore der himmlischen Stadt Jerusalem durchschreiten wird, wird das Siegel des Überwinders tragen. Dort wird niemand sein, der aus Feigheit seinen Glauben verleugnet hat, der seinen Glauben nicht mehr liebte als alles andere. Es wird niemand dort sein, der Freude am Bösen hatte oder an der Lüge. Aus Liebe zu Jesus durften sie all das überwinden.

„Und es kam zu mir einer von den sieben Engeln, die die sieben Schalen mit den letzten sieben Plagen hatten, und redete mit mir und sprach: Komm, ich will dir die Frau zeigen, die Braut des Lammes. Und er führte mich hin im Geist auf einen großen und hohen Berg und zeigte mir die heilige Stadt Jerusalem herniederkommen aus dem Himmel von Gott, die hatte die Herrlichkeit Gottes; ihr Licht war gleich dem alleredelsten Stein, einem Jaspis, klar wie Kristall; sie hatte eine große und hohe Mauer und hatte zwölf Tore und auf den Toren zwölf Engel und Namen darauf geschrieben, nämlich die Namen der zwölf Stämme der Israeliten ... Und die Stadt ist viereckig angelegt und ihre Länge ist so groß wie die Breite. Und er maß die Stadt mit dem Rohr: zwölftausend Stadien. Die Länge und die Breite und die Höhe der Stadt sind gleich ... Und die Grundsteine der Mauer um die Stadt waren geschmückt mit allerlei Edelsteinen ... Und die zwölf Tore waren zwölf Perlen, ein jedes Tor war aus einer einzigen Perle, und der Marktplatz der Stadt war aus reinem Gold wie durchscheinendes Glas. Und ich sah keinen Tempel darin; denn der Herr, der allmächtige Gott, ist ihr Tempel, er und das Lamm. Und die Stadt bedarf keiner Sonne noch des Mondes, dass sie ihr scheinen; denn die Herrlichkeit Gottes erleuchtet sie, und ihre Leuchte ist das Lamm. Und die Völker werden wandeln in ihrem Licht ... Und nichts Unreines wird hineinkommen und keiner, der Gräuel tut und Lüge, sondern allein die geschrieben stehen in dem Lebensbuch des Lammes." (Verse 9.10.11.12.16.19.21-24.27)

Die Vorsehung Gottes offenbart dem Propheten Johannes die himmlische Stadt Jerusalem in einer Art und Weise, wie sich Johannes eine Stadt zu seiner Zeit vorstellt, umgeben von einer hohen Mauer. Weiter werden zwölf Tore erwähnt, zwölf Engel, zwölf Geschlechter Israels, die zwölf Apostel und die zwölf Fundamente. Die Zahl Zwölf ist eine symbolische Zahl für die Gemeinde. Einer der sieben Engel, die die sieben letzten Plagen über diese Erde im Namen Gottes kommen ließen, zeigt Johannes diese gewaltige Stadt. Sie ist quadratisch angelegt und alles steht in einer vollendeten Proportion zueinander. Es gibt darin keine Platzprobleme, denn die Größe der Stadt hat ein gigantisches Ausmaß von über 2000 Kilometern in der Länge und in der Breite. Alles strahlt die Herrlichkeit Gottes wider und scheint Johannes auszusehen wie Gold und Edelsteine.

In dieser Stadt bedarf es nicht mehr der Sonne und des Mondes, denn diese würden gegenüber der Herrlichkeit Gottes verblassen. Es wird auch keine Nacht mehr geben, denn wir werden nie mehr müde sein. Eine Ewigkeit lang werden uns Kräfte und Gaben zur Verfügung stehen – ohne Grenzen. Wir werden uns immer weiter entwickeln dürfen, denn wir dürfen Gott schauen.

Die großartigste Verheißung der ganzen Bibel steht im Zeugnis an die siebente Gemeinde Laodizea: „Wer überwindet, dem will ich geben, mit mir auf meinem Thron zu sitzen, wie auch ich überwunden habe und mich gesetzt habe mit meinem Vater auf seinen Thron." (Offenbarung 3, Vers 21)

Der Heilige Geist möchte unsere Herzen weitmachen, dass wir die gegebene Vision über die Zukunft der Erlösten begreifen und unseren Bund mit Gott heute festmachen.

Die Tatsache, dass jedes der zwölf Tore, die in die himmlische Stadt Jerusalem führen, aus einer Perle besteht, will uns Trost und Zuversicht geben, denn wir wissen, wie eine Perle entsteht. Ein spitzes Sandkörnchen dringt in die Weichteile einer Auster ein und tut ihr weh. Langsam und beständig legt die Auster eine Perlmuttschicht nach der anderen um dieses Sandkörnchen, nimmt so die Ecken und Kanten weg, bis schließlich eine wunderbare Perle entstanden ist. Lieber Leser, wenn Gottes weise Hand die spitzen Kanten und Ecken deines Wesens abschleift, dann lehn dich nicht auf, sondern lass es geschehen. Niemand, der als Überwinder einmal in die himmlische Stadt Jerusalem eingehen darf, hat diesen Prozess nicht auch an sich erfahren.

Der Strom des Lebens und das Gebet der Gemeinde: „Ja, komm, Herr Jesus."

„Und er zeigte mir einen Strom lebendigen Wassers, klar wie Kristall, der ausgeht von dem Thron Gottes und des Lammes; mitten auf dem Platz und auf beiden Seiten des Stromes Bäume des Lebens, die tragen zwölfmal Früchte, jeden Monat bringen sie ihre Frucht, und die Blätter der Bäume dienen zur Heilung der Völker. Und es wird nichts Verfluchtes mehr sein. Und der Thron Gottes und des Lammes wird in der Stadt sein, und seine Knechte werden ihm dienen und sein Name wird an ihren Stirnen sein. Und es wird keine Nacht mehr sein, und sie bedürfen keiner Leuchte und nicht des Lichts der Sonne; denn Gott der Herr wird sie erleuchten, und sie werden regieren von Ewigkeit zu Ewigkeit." (Verse 1 bis 5)

Nachdem uns Johannes im vorangehenden Kapitel die Äußerlichkeiten der himmlischen Stadt Jerusalem schildern durfte – Mauern aus Edelstein und Gold, die Tore aus Perlen, die Länge, die Breite und die Höhe – können wir nun einen Blick in das Innere der Stadt werfen.

Johannes sieht den Baum des Lebens und den Strom des Lebens als Symbole für das ewige Leben. Nach dem Sündenfall Adams und Evas wurde ihnen bekanntlich der Weg zum Baum des Lebens im Paradies durch den Engel mit dem flammenden Schwert versperrt. All das, was durch die Sünde verlorenging, ist nun wieder vorhanden und steht den Erlösten für alle Ewigkeit zur Verfügung.

Der Thron Gottes und des Lammes sind in der Stadt. Wir werden wie selbstverständlich das Angesicht Gottes sehen. Wir tragen seinen Namen auf unserer Stirn. Selbst die Sonne verblasst angesichts der Herrlichkeit Gottes, die in der Stadt weilt. Der unendliche Raum des Universums steht den Erlösten zur Verfügung.

Alles, was unser Herz sich wünscht, das dürfen wir tun. Es gibt keine Krankheit, keine Müdigkeit, keine Traurigkeit und keinen Schmerz mehr. So wie wir niemanden mehr Leid zufügen, so wird auch uns niemand mehr Leid zufügen. Der große Irrtum der Sünde ist vorbei.

„Und er sprach zu mir: Diese Worte sind gewiss und wahrhaftig; und der Herr, der Gott des Geistes der Propheten, hat seinen Engel gesandt, zu zeigen seinen Knechten, was bald geschehen muss." (Vers 6)

Gottes Wort bestätigt die Wahrhaftigkeit dieser Weissagung. Es ist kein Traum und es ist auch kein Märchen. Es wird einmal Wirklichkeit werden für alle, die dem Wort Gottes vertrauen.

„Siehe, ich komme bald. Selig ist, der die Worte der Weissagung in diesem Buch bewahrt. ... Versiegle nicht die Worte der Weissagung in diesem Buch; denn die Zeit ist nahe!" (Verse 7.10)

Anders als bei Daniel, dem der Engel Gabriel sagte, dass ein Teil seiner Weissagung bis zum Ende der Zeit versiegelt bleiben sollte, trifft das nicht für das letzte Buch der Bibel – die Offenbarung – zu, denn die Zeit ist nahe.

„Wer Böses tut, der tue weiterhin Böses, und wer unrein ist, der sei weiterhin unrein; aber wer gerecht ist, der übe weiterhin Gerechtigkeit und wer heilig ist, der sei weiterhin heilig." (Vers 11) Dieses Wort wird Jesus am Ende der Gnadenzeit sprechen.

„Siehe, ich komme bald und mein Lohn mit mir, einem jeglichen zu geben, wie seine Werke sind." (Vers 12)

Unser Werk, was wir vorweisen können, ist allein das Werk der Gnade. „Denn aus Gnade seid ihr selig geworden durch

Glauben, und das nicht aus euch: Gottes Gabe ist es, nicht aus Werken, damit sich nicht jemand rühme." (Epheser 2, Verse 8.9)

„Selig sind, die ihre Kleider waschen, dass sie teilhaben an dem Baum des Lebens und zu den Toren hineingehen in die Stadt." (Vers 14)

Es wird dort niemand aufgrund seiner eigenen Verdienste sein.

Alle werden in den Lobgesang einstimmen: „Das Lamm, das geschlachtet ist, ist würdig, zu nehmen Kraft und Reichtum und Weisheit und Stärke und Ehre und Preis und Lob. Und jedes Geschöpf, das im Himmel ist und auf Erden und unter der Erde und auf dem Meer und alles, was darin ist, hörte ich sagen: Dem, der auf dem Thron sitzt, und dem Lamm sei Lob und Ehre und Preis und Gewalt von Ewigkeit zu Ewigkeit!" (Offenbarung 5, Verse 12 und 13)

Das Evangelium von der Liebe Gottes richtet sich an alle Menschen: „... und wen dürstet, der komme; und wer da will, der nehme das Wasser des Lebens umsonst." (Vers 17)

„Ich bezeuge allen, die da hören die Worte der Weissagung in diesem Buch: Wenn jemand etwas hinzufügt, so wird Gott ihm die Plagen zufügen, die in diesem Buch geschrieben stehen. Und wenn jemand etwas wegnimmt von den Worten des Buchs dieser Weissagung, so wird Gott ihm seinen Anteil wegnehmen am Baum des Lebens und an der heiligen Stadt, von denen in diesem Buch geschrieben steht." (Verse 18 und 19)

Gottes Wort ist heilig und niemand darf es ungestraft verändern.

„Es spricht, der dies bezeugt: Ja, ich komme bald. – Amen, ja komm, Herr Jesus! Die Gnade des Herrn Jesus sei mit allen!" (Verse 20 und 21)

Die Bibel beginnt mit dem Zeugnis über den Schöpfer Jesus Christus: „Am Anfang schuf Gott Himmel und Erde", (1. Mose 1, Vers 1) und sie endet mit dem Zeugnis des gleichen Schöpfers und Erlösers Jesus Christus: „Ja, ich komme bald."

„Die Gnade des Herrn Jesus sei mit allen!"

Literaturverzeichnis

Anderson, Roy Allan, *Unfolding the Revelation*, Pacific Press Publishing Association, 1974

Anderson, Roy Allan, *Unfolding Daniels Prophecies*, Pacific Press Publishing Association, 1975

Doukhan, Jacques B., *Daniel, die Vision vom Ende*, Advent-Verlag Zürich, 1989

An Encyclopedia of the World History, Ancient, Medievel and Modern, Chronologically arranged, 5th ed., Houston, Texas: Mifflin Company, 1972, 46

Encyclopedia, The World Book, Chicago, Illinois, 1999

Samaan, Philip G., *Priests Way to Spiritual Growth*, Review & Herald Publishing Association, 1995

Semlyen, Michael de, *Alle Wege führen nach Rom. Evangelikale – wohin?*, Christliche Literaturverbreitung e. V. Bielefeld, 1993

Seventh-day Adventist Bible Commentary, Review & Herald Publishing Association, Washington, 1955

Trager, Jame, *The People's Chronology, A Year by Year Report of Human Events from Prehistory to the Present*, New York, New York: Ahenry Holt Reference Book, 1992, 14

White, Ellen G., *Der große Kampf*, Saatkorn-Verlag, Hamburg, 1982

White, Ellen G., *Patriarchen und Propheten*, Saatkorn-Verlag, Hamburg, 1973

White, Ellen G., *Propheten und Könige*, Saatkorn-Verlag, Hamburg, 1983

White, Ellen G., „Das Leben Jesu", Saatkorn-Verlag, Hamburg, 1980

White, Ellen G., *Erfahrungen und Gesichte sowie geistliche Gaben*, Pacific Press Publishing Association, 1947

White, Ellen G., *Aus der Schatzkammer der Zeugnisse*, Advent-Verlag, Hamburg, 3 Bde.